KITA-QUALITÄT – PRAKTISCH GESTALTEN

EINGEWÖHNUNG in der KITA – mit den Eltern HAND in HAND

Praxis-Bausteine für das eigene Konzept

Rebekka Behrendt

Verlag an der Ruhr

IMPRESSUM

Titel
Kita-Qualität praktisch gestalten
Eingewöhnung in der Kita – Mit den Eltern Hand in Hand
Praxis-Bausteine für das eigene Konzept

Autorin
Rebekka Behrendt

Umschlagmotive
vorne: Herz-Logo © Gembuls, Foto © Oksana Shufrych – beide Shutterstock.com
hinten: Bauklötze © playstuff – stock.adobe.com

Fotos
© Rebekka Behrendt, falls nicht anders angegeben

Illustrationen
Herz-Logo © Gembuls – Shutterstock.com, alle Icons © Verlag an der Ruhr

Druck
AZ Druck und Datentechnik GmbH, Kempten, DE

Verlag an der Ruhr
Mülheim an der Ruhr
www.verlagruhr.de

Geeignet für Erzieher*innen, Kita-Leitungen und pädagogische Fachkräfte

ISBN 978-3-8346-4399-5

INHALTSVERZEICHNIS

VORWORT UND HINWEISE ZUR HANDHABUNG DES BUCHES

Liebe Leser*innen[1],

Eingewöhnung ist mehr, als neue Kinder zu integrieren. Sie ist der Beginn einer neuen Beziehung. Einer neuen **Beziehung** zwischen Ihnen, einem Kind und seiner Familie. Dieser Anfang ist kostbar. Er benötigt Aufmerksamkeit, Einfühlungsvermögen und eine **individuelle Planung** im Team.
Die eigenen Kinder sind das Wertvollste, was Eltern haben. Mit der Eingewöhnung geben sie es in Ihre Hände. Sie geben Ihnen einen **Vertrauensvorschuss** in der Hoffnung auf eine gute Zusammenarbeit und in der Hoffnung, dass es ihrem Kind gut geht und dass es optimal auf seine Zukunft vorbereitet wird.

Dieses Buch besteht aus **vier Kapiteln**.
Im **ersten Kapitel** erhalten Sie Hintergrundwissen zum Thema.
Das **zweite Kapitel** zeigt, wie Sie den Inhalt in der Qualitätsentwicklung verwenden können.
Das **dritte Kapitel** ist in Bausteine unterteilt. Sehen Sie die einzelnen Bausteine als Elemente für Ihr Konzept, die Sie bearbeiten können, aber nicht zwangsläufig müssen.
Das **vierte Kapitel** befasst sich mit besonderen Themen, die im Zusammenhang mit der Eingewöhnung auftauchen. Sie können das Buch auf verschiedene Weise verwenden:

- ➜ als Leitfaden für den Eingewöhnungsprozess
- ➜ zum Entwickeln eines Eingewöhnungskonzeptes (oder um die Eingewöhnung in Ihrer Konzeption zu verankern)
- ➜ als Unterstützung im Qualitätsmanagementprozess
- ➜ als Nachschlagewerk zum „Querlesen", wenn Fragen während der Eingewöhnung auftauchen

Das **Bausteinsystem** hilft Ihnen, sich im Buch zurechtzufinden, da es die Abschnitte des Eingewöhnungsprozesses separat behandelt. So können Sie das Buch von vorn bis hinten durcharbeiten oder aber einzelne Bausteine auswählen.

Dabei habe ich versucht, die Eingewöhnung als **vielschichtigen Prozess** abzubilden. Ein starker Fokus liegt auf der **Zusammenarbeit mit den Eltern**, was herausfordernd ist und gleichzeitig viele Möglichkeiten bietet. Die Inhalte sind vorrangig auf das Alter von **2–6 Jahren** konzipiert. Viele Bausteine lassen sich aber ebenso auf Kinder unter zwei Jahren anwenden oder können entsprechend angepasst werden. Gleiches gilt für den **Tagespflegebereich**, der nicht immer explizit erwähnt wird.

Sie finden hier vorgestellte Idealzustände. Beispielsweise steht dort: „Seien Sie pünktlich und bereiten Sie alles in Ruhe vor." Aus eigener Erfahrung weiß ich, dass genau das nicht immer möglich ist, weil der Alltag dazwischenkommt. Lassen Sie sich von den Idealfällen nicht abschrecken, sondern nutzen Sie diese als **Orientierung**.

Ich wünsche mir, dass die Inhalte des Buches Sie während der Eingewöhnungszeit unterstützen und dabei helfen, Ihre Arbeit in diesem Bereich weiterzuentwickeln.

Liebe Grüße

R. Behrendt

---

[1] Der Verlag an der Ruhr legt großen Wert auf eine geschlechtergerechte und inklusive Sprache. Daher nutzen wir bevorzugt das Gendersternchen, um sowohl männliche und weibliche als auch nicht binäre Geschlechtsidentitäten einzuschließen. Alternativ verwenden wir neutrale Formulierungen.

EINFÜHRUNG in das Thema EINGEWÖHNUNG

Die Familie und das Zuhause des Kindes kann man mit einem Vogelnest vergleichen. Im Nest ist das Küken sicher und geborgen. Das geflochtene und gepolsterte Nest gibt Halt und Schutz. Mühevoll haben die Vogeleltern es hergestellt.

Aber da ist etwas, das wir nicht sehen, und dennoch ist es da. Nach oben hin ist das Nest offen. Dort gibt es eine Verbindung in die Welt. Eine Welt, die entdeckt werden will.

Kommt das Kind in die Einrichtung, braucht es seinen gewohnten „Nestschutz" und wird deshalb von Mutter oder Vater begleitet. Aber die Neugierde lockt es aus seiner Sicherheit. Staunend begibt es sich auf die Entdeckungsreise, mit Mama oder Papa im Rücken. Erst wenn das Kleine selbstständig „fliegen" kann und ohne das Nest zurechtkommt, bleibt es allein in der Einrichtung.

Während der Anwesenheit in der Kita ersetzen Sie als pädagogische Fachkräfte das Nest. Sie geben den Kindern sichere Rahmenbedingungen und lassen ihnen gleichzeitig Freiraum zum selbsttätigen Erkunden – bis die Kleinen auch dieses Nest verlassen.

Was ist Eingewöhnung?

Wie das ganze Leben ist auch die Eingewöhnung **Bildungszeit**. Mit der Eingewöhnung werden **Lernerfahrungen** im Kind gespeichert, auf die es bei späteren Übergängen zurückgreifen kann.
Umso wichtiger ist es, dem Kind die Möglichkeit zu geben, entsprechend seiner Fähigkeiten, **selbst** diesen ersten Übergang zu bewältigen. Als selbstwirksam kann es sich jedoch nur erfahren, wenn es einer Situation nicht hilflos gegenübersteht. Der Übergang in die Kita oder die Tagespflege muss deshalb **professionell begleitet** werden. **Schritt für Schritt** erobert das Kind sein neues Umfeld und macht sich mit dessen Gegebenheiten vertraut. Man spricht von einer **sanften Eingewöhnung**. In dieser Zeit wird das Fundament für die Beziehung zwischen Kind, Eltern und pädagogischer Bezugsperson gelegt. Ein guter Start und ein sanfter Übergang schaffen einen Rahmen, in dem das Kind sich wohlfühlen, entfalten und in dem es lernen kann (mehr dazu im Kapitel Transition, Bindung und Exploration ab S. 9).

Jene Übergangsphase verlangt viel Aufmerksamkeit, die nur zu leisten ist, wenn sich eine Fachkraft ganz dem neuen Kind und seiner Familie widmet. Eine Bezugsperson, die diese (Trennungs-)Situation feinfühlig gestaltet, hilft dem Kind, Stress zu regulieren und damit zu vermindern. Darum ist es sinnvoll, wenn Sie im Vorfeld festlegen, wer als „Bezugserzieher*in" welche Familie begleitet (s. a. Baustein F, ab S. 43).

Heutige Eingewöhnungsmodelle basieren auf der **Bindungs- und der Transitionsforschung**. Sie haben zum Ziel, dass alle Personen, die zum Eingewöhnungsprozess gehören, sich aktiv beteiligen und **gemeinsam** diese Zeit gestalten.

Eingewöhnung – ein überholter Begriff?

Der Begriff lässt glauben, dass es in der Eingewöhnung darum geht, dass das Kind sich an die neue Situation nur gewöhnen muss. Diplom-Pädagogin Christel van Dieken und Julian van Dieken plädieren dafür, den Begriff der Eingewöhnung eher als ein „sich miteinander vertraut machen"[2] zu verstehen, was vielmehr die aktive Beteiligung aller Personen ausdrückt. Dabei bezieht sie sich auf den Begriff von Winner und Erndt-Doll, die von den Eingewöhnungskindern als „Übergangsgewinnern"[3] sprechen, da sie einen Übergang meistern.
Studien zeigen, dass langsam und sanft eingewöhnte Kinder weniger krank sind, sich im Kita-Alltag besser zurechtfinden und in bestehende Strukturen hineinwachsen. Es stärkt die Bindungsbeziehung zu ihren Eltern und unterstützt sie in ihrer physiologischen, emotionalen, hormonellen und körperlichen Entwicklung.[4]

---

2 Van Dieken; van Dieken 2012, S. 7 f.
3 Winner; Erndt-Doll 2009.
4 Vgl. z. B. Winner; Erndt-Doll 2009; Grossmann; Grossmann 2012.

Was ist Eingewöhnung?

Stellen Sie sich vor ...

Sie sind unterwegs zu einer Fortbildung. Sie sind pünktlich, doch finden keinen Parkplatz. Sie parken weit vom Veranstaltungsort entfernt und beeilen sich. Sie kommen an einem Fenster vorbei, in dem eine Gruppe Frauen sitzt. Diese hören einer Referentin zu. Das muss Ihre Fortbildung sein. Sie laufen um das Gebäude herum, bis Sie endlich den Eingang finden. Sie vergewissern sich, dass es der richtige Raum ist, greifen zur Klinke und öffnen die Tür. Es quietscht. Alle drehen sich zu Ihnen um. Die Referentin schaut Sie verärgert an. Sie murmeln ein leises „Entschuldigung". Sie sehen, dass alle ein Namensschild tragen. Die Referentin weist auf einen Platz in der vordersten Reihe, es ist der einzige freie Sitzplatz. Sie laufen durch den Raum und spüren die Blicke der anderen im Rücken. Jemand tuschelt. Sie setzen sich und ziehen möglichst leise die Jacke aus. Die Referentin fährt mit dem Vortrag fort. Sie bemühen sich, ihr zu folgen, aber haben bereits ein paar wichtige Informationen verpasst. Als Sie Ihren Notizblock aus der Tasche ziehen, fällt polternd die Wasserflasche heraus und rollt quer durch den Raum. Wieder unterbricht die Referentin ihre Rede. Sie schaut der Wasserflasche hinterher und sieht Sie dann streng an, bis sie schließlich mit ihrem unverständlichen Vortrag fortfährt. Sie laufen der Flasche hinterher, peinlicher kann es nicht werden, und hören ein leises Kichern. Zurück auf Ihrem Platz versuchen Sie, etwas von der Fortbildung zu verstehen. Es ist zwecklos. Doch Sie sind nicht nur wegen des Vortrags da, sondern auch, um neue Kontakte zu knüpfen. Sie nehmen sich vor, das in der Pause umzusetzen. In der Pause stehen alle in Grüppchen zusammen. Sie sind die einzige Fremde. Sie gesellen sich zu einer Gruppe, die verstummt, sobald Sie danebenstehen. Räuspernd stellen Sie sich vor und erzählen von Ihrem Anliegen, sich zu vernetzen. Da stößt eine bereits Bekannte zu der Gruppe und alle unterhalten sich über ein Thema, zu dem Sie nichts beisteuern können. Frustriert fahren Sie am Ende nach Hause, den Tag hätten Sie sich schenken können.

Ein anderes Szenario

Gemeinsam mit einer Freundin sind Sie unterwegs zu einer Fortbildung. Ihre Freundin kennt den Ort und weiß, wo man parken kann. So kommen Sie pünktlich an. Am Eingang steht die Referentin und nimmt Sie freundlich in Empfang. Sie bekommen Namensschilder und haben noch Zeit für eine Tasse Kaffee. Während Sie mit Ihrer Freundin Kaffee trinken und sich über den bevorstehenden Vortrag austauschen, kommt eine Fremde an Ihren Tisch. Sie stellen sich einander vor. Sie erzählen, dass Sie keine Vorkenntnisse zum Thema haben. Die Fremde weist Sie darauf hin, gleich zu Beginn gut aufzupassen, denn die Referentin erklärt die Schlüsselwörter, die man zum Verständnis des Vortrags braucht, gleich zu Beginn. Sie bedanken sich für den Tipp. Dann äußern Sie den Wunsch, sich zu vernetzen. Die Fremde ist sofort begeistert und ruft noch eine Kollegin herbei. Der Vortrag beginnt und Sie beschließen, sich in der Pause weiter zu unterhalten. Vom Vortrag verstehen Sie nicht alles, können ihm insgesamt aber gut folgen und in der Pause beantworten die anderen Ihre Fragen dazu. Zufrieden fahren Sie nach Hause, es war ein erfolgreicher Tag.

Was haben beide Szenarien mit der Eingewöhnung zu tun? Die Eltern und das Kind kommen in eine neue Situation. Das bedeutet **Stress**. Die Aufregung verhindert den Zugang zum Lernen. Neue Erfahrungen können nicht gespeichert und verarbeitet werden. Stress entsteht durch Angst, Verunsicherung, Druck, Ungewissheit, Hilflosigkeit, unvorhersehbare Situationen, Alleinsein, Herausforderungen und vieles mehr. Beide Schilderungen zeigen, übertragen auf die Kindergartensituation, mit welchen Eindrücken und damit verbundenen Gefühlen sich ein Kind und seine Eltern auseinandersetzen müssen.

Was ist Eingewöhnung?

Mögliche Stressfaktoren im Zusammenhang mit der Eingewöhnung:

- Änderung der Gruppenzusammensetzung
- Änderung der Bezugspersonen
- neue Umgebung
- neue Spielmaterialien
- neue Regeln
- neue Gerüche, Geräusche, Begriffe
- fremde Menschen
- fremde Situationen
- Änderungen im Tagesablauf
- Änderung der Essgewohnheiten
- Änderung der Schlafgewohnheiten
- Änderungen im sozialen Umfeld
- Änderung von Gewohnheiten
- kulturelle Veränderungen
- Trennungsschmerz

Schaffen Sie einen Rahmen, in dem die Belastung für alle vermindert oder sogar verhindert wird, so wie im zweiten Beispiel-Szenario. Alle Anwesenden gehören zum Prozess der Eingewöhnung: das Kind, seine Eltern, die Kinder der Gruppe und die Pädagog*innen. Jede dieser Personen ist davon betroffen und kann gleichzeitig dazu beitragen, dass er gelingt.

Von einer stressarmen Eingewöhnung profitieren **alle**, während der gesamten Kitazeit und darüber hinaus.

Transition, Bindung und Exploration

Transition

Unter Transition versteht man den **Übergang** von einer bekannten in eine neue Situation. Durch ein einschneidendes Ereignis wird der bisherige Alltag gestört. Tagesroutinen wandeln sich und in kurzer Zeit muss viel Neues verarbeitet werden. Begleitet werden diese Zeiten meist von einer Identitätsveränderung und konträren Gefühlen: einerseits Interesse, anderseits Beklemmung, einerseits Begeisterung, andererseits Erschöpfung, einerseits Abenteuerlust, anderseits Unsicherheit.[5] Die Aufgabe aller Beteiligten ist es, diesen Übergang erfolgreich zu bewältigen.

TIPP

Denken Sie bei der Eingewöhnung nicht nur an das große Ganze – an den einen Übergang von der Familie hin in die Kita (oder zur Tagesmutter). Denken Sie auch an die vielen kleinen Übergänge. Innerhalb der Eingewöhnung gibt es sogenannte „Mikrotransitionen"[6]. Ihr Kita-Alltag beinhaltet verschiedene kleine Übergänge, z. B. vom Freispiel hin nach draußen oder vom Esstisch in den Waschraum. Jedes Mal, wenn sich Ort und Aktivität ändern, ist dies eine Mikrotransition. Denn jeder Ort und jede Aktivität besitzt eigene Regeln, Rituale und Möglichkeiten. Diese muss das Kind erfahren, lernen und ausprobieren. Was für Sie selbstverständlich ist und die Kinder der Gruppe bereits kennen, ist für das Eingewöhnungskind neu.

TEAMAUFGABE

Suchen Sie in Ihrem Kita-Alltag in einer typischen Woche alle Mikrotransitionen. Überlegen Sie: Wie erlebt das neue Kind diese Situation und wie können Sie die neuen Kinder bei diesen kleinen Übergängen optimal begleiten?

Bindung[7]

Die Reformpädagogik macht deutlich: Säuglinge kommen kompetent auf die Welt. Eine dieser Kompetenzen ist, dass sie in der Lage sind, eine Bindung aufzubauen. **Die Bindung zu einer festen Person ist für das Neugeborene überlebenswichtig.** Nur so kann es sicherstellen, versorgt, gepflegt, beschützt und genährt zu werden.

Das Wort **Bindung** formulierte **John Bowlby** zum ersten Mal in den 1960er-Jahren.

Er erkannte, dass Babys bereits in ihrem ersten Lebensjahr eine Bindung zu einer festen Person aufbauen, in den meisten Fällen zur Mutter. Bindung geschieht jedoch nicht automatisch. Sie muss wachsen.

[5] Vgl. Winner 2015, S. 5 f.
[6] Vgl. Gutknecht; Kamer 2018.
[7] Vgl. z. B. Grossmann; Grossmann 2012.

Transition, Bindung und Exploration

Die **Bindungssysteme** von Mutter und Kind sind bis ins kleinste Detail aufeinander abgestimmt, wie beispielsweise das Kindchenschema und die Intuition der Mutter. Das Kindchenschema erweckt in der Mutter das Bedürfnis, sich um ihr Baby zu kümmern. Ihre Hormone sorgen beispielsweise dafür, dass sie auf Schreie eingeht. Das Baby äußert sich mithilfe von Lauten und körpersprachlichen Signalen und die Mutter weiß intuitiv, entsprechend zu reagieren. Dabei handelt es sich um eine **individuelle Sprache** zwischen Mutter und Kind, die sich im ersten Jahr entwickelt. So entsteht eine **sozial-emotionale Beziehung**, die als Bindung bezeichnet wird.

Aufgrund der Spiegelneuronen im Gehirn spürt das Kind die Handlungen seiner Bezugsperson, als wären es seine. Es nimmt Atmosphäre, Verhalten, Stimmlage sowie Mimik und Gestik unbewusst wahr. Es kann die Handlungen und Gefühle der Eltern noch nicht von seinen eigenen trennen. Je besser die Bindungsbeziehung zwischen Eltern und Kind, desto stärker ist dieses Verhalten. Dieses Eins-Machen ist die **Entwicklungsgrundlage** für das Kind, welche sich auf sein ganzes Leben auswirkt. Erst später, mit ca. vier Jahren, besitzt das Kind die Fähigkeit zur sogenannten „Theory of Mind", welche besagt, dass sich das Kind bewusst in andere hineinversetzen kann, z. B. „Mama geht jetzt, aber später kommt sie wieder". Ohne die Fähigkeit der Theory of Mind denkt das Kind: „Mama geht jetzt und ist dann für immer weg."

Das Kind ist in der Lage, **mehrere Bindungen** aufzubauen. Falls die Mutter nicht verfügbar ist, wie bei Tod oder einer Adoption, entwickelt es eine Bindung zu einer Ersatzperson. Der Kreis der Bezugspersonen erweitert sich mit der Zeit. Dennoch mag das Kind nicht unendlich viele Bindungen aufbauen. Fehlt eine feste Bindungsperson oder kann die Bindung nicht aufgebaut werden, hat das negative Folgen für die Entwicklung und das Verhalten des Kindes. Studienergebnisse von Grossmann und Grossmann zeigten diesen unmittelbaren Zusammenhang. Dabei legt das Kind **Prioritäten** fest, in welcher Reihenfolge es seine Bezugspersonen anfordert. Wenn es in einer schwierigen Lage ist, die ihm Unsicherheit oder Schmerz bereitet, bevorzugt es immer seine **erste Bindungsperson**.[8]

Exploration

Kinder wollen selbstständig handeln und aktiv sein. Die **Neugierde** treibt sie an. Wenn sie Dinge erkunden, indem sie damit spielen und sie in unterschiedliche Verhältnisse zueinander setzen, lernen sie sich, andere und ihre Umgebung kennen. Das folgende Beispiel demonstriert diesen Aspekt anschaulich anhand eines Balls.

Beispiel

Ein Ball kann rollen, hüpfen und unter dem Schrank verschwinden. Wenn er fallen gelassen wird, landet er immer auf dem Boden. Kinder erfahren hier die Beschaffenheit von Kugeln und wie sie sich in der Welt verhalten. Sie lernen, dass ein Gegenstand aus dem Blickfeld verschwinden kann und er dennoch da ist (unter dem Schrank). Sie entdecken die Anziehungskraft, dass alles, was fällt, auf dem Boden landet und nicht wie im Weltall durch die Luft schwebt.

Für Kinder ist die Welt neu. Sie wollen die Gesetzmäßigkeiten ihrer Umgebung be-GREIFEN. Dieses Verhalten wird **„Exploration"** genannt.
Uns würde es ebenso ergehen, wenn wir das erste Mal ins All fliegen, wo die Schwerkraft nicht mehr wirkt.

[8] Vgl. ebd.

Transition, Bindung und Exploration

Stellen Sie sich vor ...

Sie sind in einem Raumschiff im Weltall. Die Erdanziehungskraft wirkt dort nicht, alles schwebt. Wären Sie nicht geneigt, alles auszuprobieren? Was passiert mit Flüssigkeiten? Wie kann man im Weltall schreiben? Was passiert, wenn ich Schwimmbewegungen mache oder wenn ich versuche, zu hüpfen?

Bindung und Exploration scheinen sich zu widersprechen, aber sie gehören dennoch untrennbar zusammen. Allerdings sind sie „komplementär gekoppelt"[9]. Das bedeutet, dass sie nicht gleichzeitig verwendet werden können. Ist das Kind ängstlich, verunsichert oder gestresst, kann es nicht explorieren oder entdecken. Es muss erst sein Bedürfnis nach Nähe und Sicherheit wiederherstellen. Das erreicht es mithilfe seiner Bindungsperson. Je sicherer ein Kind sich fühlt, desto eher zeigt es Explorationsverhalten.

Um noch einmal auf das Beispiel mit dem Weltall zurückzukommen: Würden Sie irgendetwas im Weltall ausprobieren, wenn Ihnen die neue Umgebung bedrohlich erscheint? Wahrscheinlich nicht. Sie müssten sich erst mal versichern, dass Ihnen nichts passieren kann, bevor Sie erste Erkundungen wagen. Dies verdeutlicht die wichtige Rolle der Eingewöhnung. Erst wenn sich das Kind wohl und sicher fühlt, kann es spielen, entdecken und neue Beziehungen eingehen.
Der Maßstab, mit dem Sie messen können, wie frei und sicher sich Kinder fühlen, ist ihr Explorationsverhalten.

Die Eingewöhnung als Übergang/Transition ist kräftezehrend, aber bietet auch neue Erfahrungen. Für das Kind spielen in diesem Prozess Bindung und Exploration eine wichtige Rolle. Während Bindung Sicherheit und Vertrauen schenkt, gibt Exploration Raum für die Neugierde und hilft, den Übergang in individuellem Tempo selbstständig zu meistern. Das gilt auch für die Eltern, die eine doppelte Funktion erfüllen müssen: das Kind begleiten und selbst die Umbruchphase durchleben. Auch Sie und die Kinder Ihrer Gruppe erfahren Veränderungen. Sicherheit (Bindung) und Neugierde (Exploration) sind dabei wichtige Ressourcen für alle Beteiligten.
Wie Sie als pädagogische Fachkraft diese Ressourcen nutzen können, erfahren Sie in den einzelnen Bausteinen im dritten Teil des Buches (ab S. 25).

[9] Vgl. Dreyer 2017, S. 13.

Eingewöhnungsmodelle

Für die Gestaltung des Eingewöhnungsprozesses dienen Modelle als Leitfaden. Die bekanntesten Eingewöhnungsmodelle in Deutschland sind **das Berliner (Infans) und das Münchener Eingewöhnungsmodell**.
Sie wurden auf der Grundlage aktueller Kindheitsforschungen entwickelt. Früher galten Kindergärten als Aufbewahrungs- und Spielorte. Heute haben sie einen **Bildungsauftrag**. Um diesem nachzukommen, muss ein Rahmen geschaffen werden, der Lernen ermöglicht. Mit der Eingewöhnung beginnen Sie bereits, diesen Rahmen zu setzen.

Ein Modell anwenden bedeutet, es auf gegebene Situationen anzupassen. Dazu muss man das Modell gut kennen. Wenn Sie sich erstmals mit dem Thema der Eingewöhnung auseinandersetzen, empfiehlt es sich, sich zu Beginn an einem Modell zu orientieren, um Stück für Stück mit jeder Eingewöhnung zu wachsen und sicherer zu werden.
Die zwei vorgestellten Modelle bieten Kenntnisse aus jahrelanger Forschung, die Ihnen helfen, pädagogisch professionell zu handeln.
Es gilt: Je unsicherer Sie selbst sind, desto mehr sollten Sie sich an ein Modell halten. Denn das wird ihnen die nötige Handlungssicherheit geben.

Es ist ein Balanceakt, das Modell an die Situation anzupassen, es aber nicht komplett zu verändern. Egal nach welchem Modell Sie eingewöhnen, eine feinfühlige, empathische und sanfte Begleitung ist wichtiger als die strikte Einhaltung theoriebasierter Modelle.
Denn das Modell allein ist nicht dafür verantwortlich, ob die Eingewöhnung gelingt. Betrachten Sie das Kind in der Situation ganzheitlich. Diese individuelle Betrachtung kann ein Modell nicht leisten, es weist Ihnen nur die Richtung. An Ihnen liegt es dann, die Beziehung zum Kind und seiner Familie aufzubauen. Vergewissern Sie sich, dass der Rahmen den Beteiligten ermöglicht, den Übergang zu meistern.

Berliner Eingewöhnungsmodell[10]

Bei dem Berliner Eingewöhnungsmodell handelt es sich um das am meisten verwendete Modell. Es wurde in den 1980er-Jahren im INFANS (Institut für Angewandte Sozialisationsforschung/ Frühe Kindheit e.V.) entwickelt. Grundlage ist die **Bindungsforschung** von John Bowlby (s. ab S. 9). Dieses Modell postuliert, dass ein Elternteil oder eine andere Bezugsperson das einzugewöhnende Kind in die Einrichtung begleitet. Erst wenn das Kind eine bindungsähnliche Beziehung zur pädagogischen Fachkraft aufgebaut hat, verlässt die Bezugsperson die Einrichtung.[11]

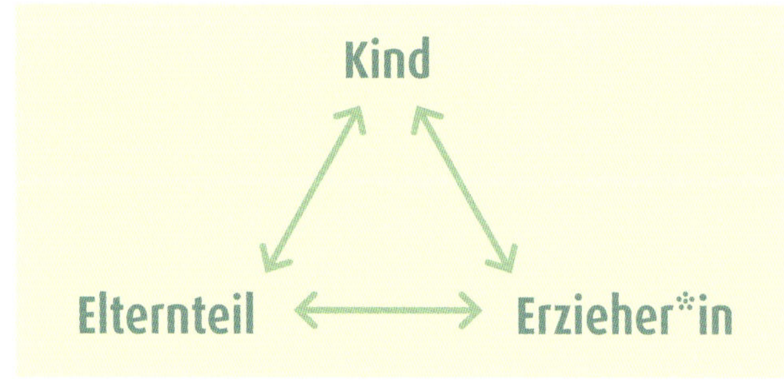

Es unterteilt sich in **drei Phasen** von mehreren Tagen und beschreibt, wie diese während der Eingewöhnung im Beziehungsdreieck gestaltet werden.

[10] Ausführliche Beschreibung in: Laewen et al. 2011.
[11] Vgl. Dreyer 2017, S. 79 ff.

Eingewöhnungsmodelle

Nach dem ersten **Kontakt** zur Einrichtung wird in der **Grundphase** eine Beziehung zwischen Eltern, Kind und Erzieher*in aufgebaut. Diese umfasst ca. drei Tage. Danach erfolgt der erste Trennungsversuch. Ausgehend von der Reaktion des Kindes auf diese Trennung entscheidet man, wie die Eingewöhnung weiter verläuft. Bewältigt das Kind die Trennung selbstständig oder lässt es sich sofort von der pädagogischen Fachkraft trösten, spricht das für eine kürzere Eingewöhnungszeit. Protestiert das Kind hingegen und muss die Mutter oder der Vater zurückkommen, ist dies ein Indikator für eine längere Eingewöhnungszeit. Man kehrt zurück zur Grundphase, bis nach zwei bis drei Tagen der nächste **Trennungsversuch** gestartet werden kann. Anschließend beginnt die **Stabilisierungsphase**. Dabei übernimmt der*die Erzieher*in alle Aufgaben rund um das Kind und die Trennungsphasen werden ausgedehnt.
In der **Schlussphase** hält die Mutter oder der Vater sich nicht mehr im Kindergarten auf. Das Kind besucht vorerst nur halbtags die Einrichtung und die Eltern sind telefonisch erreichbar.

Münchener Eingewöhnungsmodell[12]

Das Münchener Modell basiert im Unterschied zum Berliner Modell auf der **Transitionsforschung**. Hier steht die selbstständige Bewältigung des Übergangs durch das Kind im Vordergrund (s. ab S. 9). Unter der Leitung von Prof. Beller wurde es Ende der 1980er-Jahre in München erprobt. Grundlage dazu war das bereits vorhandene Berliner Modell. Beeinflusst von der Reggio-Pädagogik erweiterte man den Blick vom Beziehungsdreieck Eltern, Kind und Erzieher*in auf die gesamte Situation der Einrichtung.
Die **Reggio-Pädagogik** legt großen Wert darauf, dass das Kind selbst Erfahrungen macht. Somit ist das Ziel des Münchener Modells, dass das Kind sich selbst eingewöhnt. Natürlich mit der Unterstützung aller zur Verfügung stehenden Ressourcen, wie den Fachkräften, Eltern, Räumlichkeiten und den Kindern der Gruppe.
Das Modell an sich gilt als Inspiration, um die eigene Handlungskompetenz zu erweitern. Demnach sind Erzieher*innen Lernende, die in der Eingewöhnung eigene Erfahrungen sammeln.

Die Eingewöhnung erfolgt in fünf Phasen: Vorbereitung, Kennenlernen, Sicherheit, Vertrauen, Reflexion.
Der erste Kontakt im Berliner Modell ist mit der Vorbereitungsphase zu vergleichen. In der **Kennenlernphase** (Dauer ca. eine Woche) geht es darum, die Räume, die Gruppe, den Tagesablauf und alles, was mit der neuen Situation zusammenhängt, kennenzulernen. Dann beginnt die **Sicherheitsphase**. Erst in dieser Zeit tritt der*die Bezugserzieher*in gezielt in Kontakt mit dem Kind und baut eine Bindungsbeziehung zu ihm auf. Hier spielen auch die Kinder der Gruppe eine wichtige Rolle. Sie werden aktiv mit einbezogen. Die erste **Trennung** läutet die **Vertrauensphase** ein. Bei der Trennung wird wie im Berliner Modell vorgegangen. Nur eine erfolgreiche Trennung führt zur Ausdehnung der Trennungszeit in den folgenden Tagen. Das Kind erfährt, dass es Erzieher*in und Mutter vertrauen kann. Wenn das Kind diese Trennung akzeptiert, wird die Eingewöhnung in der **Reflexionsphase** reflektiert und abgeschlossen. Akzeptiert das Kind die Trennung nicht, kehrt man zurück in die Sicherheitsphase.

Beide Modelle haben unterschiedliche Schwerpunkte und können daher in verschiedenen Situationen dienlich sein. Aufgrund der Ausrichtung auf Bindung ist das Berliner Modell vor allem für Kinder unter drei Jahren nützlich, während vor allem Kinder ab drei Jahren und Einrichtungen mit offenem Konzept vom Münchener Eingewöhnungsmodell profitieren. Beide Modelle sind jedoch insgesamt eine gute Wahl.

Eigenes Modell entwickeln

Generell ist davon abzuraten, sich ein eigenes Modell zu basteln. Wenn Sie trotzdem Ihr eigenes Modell entwickeln wollen, dann sollten Sie einiges dabei beachten:

1. Es braucht eine lange Zeit und intensive Vorbereitung im Team, um sich über Ziele, Methoden und Vorgehen abzustimmen.
2. Sie müssen sich intensiv mit der Theorie und Praxis rund um die Themen „Eingewöhnung", „Transition", „Bindung" und „Entwicklungspsychologie" sowie „Erziehungspartnerschaft" und „Bild vom Kind" auseinandersetzen. Anzuraten wäre hier, sich Unterstützung durch externe Referent*innen oder die Fachberatung zu suchen.
3. Ein fundiertes, theoriegestütztes Modell „Marke Eigenbau" wird sich im Ergebnis nicht wesentlich von den bereits vorhandenen Modellen unterscheiden.

[12] Ausführliche Beschreibung in: Winner; Erndt-Doll 2009.

4. Ein eigenes Modell braucht umso stärker regelmäßige Reflexion und Adaption und erfordert eine gute Balance zwischen Theorie und Praxis.
5. Sie sollten sich zunächst mit den bestehenden Modellen vertraut machen. Sowohl das Münchener als auch das Berliner Modell sind validierte und verlässliche Modelle, die sich bisher in der Praxis bewährt haben.

Ich empfehle Ihnen, statt eines eigenen Modells ein eigenes **Eingewöhnungskonzept** zu entwickeln. Dazu nehmen Sie eines der Modelle (Berliner oder Münchener) als Basis und entwickeln aufbauend darauf ein eigenes Konzept mithilfe des Qualitätsmanagementprozesses im folgenden Kapitel.

FRAGEN

- Welches Eingewöhnungsmodell wollen wir benutzen?
- Haben wir uns ausführlich mit dem Modell auseinandergesetzt?
- Sind noch Fragen offen? Wo bekommen wir Informationen her?

Übersicht Eingewöhnungsmodelle

Berliner Modell	Bausteine im Buch	Münchener Modell
Kontakt	A–N	**Vorbereitungsphase**
Grundphase Tag 1–3	O–T	**Kennenlernphase** ca. 1 Woche
Oder Tag 1–6	O–T	**Sicherheitsphase** ca. 1 Woche
Erste Trennung	U	Erste Trennung
Gelungen ↘ / Misslungen ↖ (zurück)		Gelungen ↘ / Misslungen ↖ (zurück)
Stabilisierungsphase Trennungszeit ausdehnen	U	**Vertrauensphase** Trennungszeit ausdehnen ca. 1 Woche
Schlussphase Kind bleibt allein in Kita.	V–Y	**Reflexionsphase**

KAPITEL 2

QUALITÄTS-MANAGEMENT-PROZESS mit dem Buch

Das Baukastensystem des Buches assistiert Ihnen beim Erstellen eines Eingewöhnungskonzeptes oder bei dessen Evaluation im Rahmen des Qualitätsmanagements (QM). Wenn der Beginn der Kitazeit für Kinder und Familien bereits eine hohe Qualität aufweist, wirkt sich das automatisch auf andere Bereiche Ihrer pädagogischen Arbeit aus, z. B. stärkt es die Persönlichkeitsentwicklung des Kindes und unterstützt bei der Gestaltung einer partnerschaftlichen Beziehung zu den Eltern. Ein individuelles Eingewöhnungskonzept als Qualitätsmerkmal Ihrer Einrichtung setzt Standards, gibt Ihnen Orientierung und erleichtert die Einarbeitung von neuem Personal.

Qualitätsmanagement

Die einschlägige Literatur zum Thema „Eingewöhnung" beweist: **Die Qualität der Eingewöhnung wirkt sich maßgeblich auf die Entwicklung der Kinder aus – neben dem Personalschlüssel und der fachlichen Kompetenz der Pädagog*innen. Die sensible Gestaltung der Eingewöhnung ist daher ein wichtiges Qualitätsmerkmal.**

Die Bertelsmann Stiftung förderte in den Jahren 2006–2009 in Berlin das Projekt „Die gute gesunde Kita gestalten". Ziel hinter der Qualitätsentwicklung von Kitas war die nachhaltige Verbesserung von Bildungs- und Gesundheitschancen. Ihr Leitgedanke: Gesunde Kinder können besser lernen und gelingende Bildungsprozesse tragen zur Gesundheit bei.
Die Ausarbeitung der Bertelsmann Stiftung regte die Kitas an, ihre Qualität besser einzuschätzen, zu prüfen und zu modifizieren. Neben Themen, wie z. B. „Bewegung" und „gesunde Ernährung", fanden auch die Übergangsprozesse Beachtung. Für die Eingewöhnung wurden folgende Merkmale festgelegt:

„Merkmale guter gesunder Kitas

Die Erzieherinnen und Erzieher

- ➜ arbeiten in der Kita nach einem im Team vereinbarten Eingewöhnungsmodell, welches sich an allgemeinen fachlichen Standards orientiert und laufend reflektiert wird.
- ➜ beschreiben und begründen das Eingewöhnungsmodell der Kita in der Kita-Konzeption.
- ➜ beteiligen Mütter und Väter aktiv an der Eingewöhnungsphase.
- ➜ verstehen die Eingewöhnungsphase als Chance, mit den Eltern dauerhaft zusammenzuarbeiten.
- ➜ gestalten die Eingewöhnungsphase flexibel und orientieren sich dabei an den Bedürfnissen des Kindes und seiner Eltern.
- ➜ bauen eine feinfühlige Beziehung zum Kind und seinen Eltern auf."[13]

Eine gelungene Eingewöhnung hängt nach dieser Ausarbeitung also einerseits von strukturellen Faktoren (z. B. Raumgröße und Ausstattung, Anzahl der aufzunehmenden Kinder, Personalschlüssel) ab, die u. a. auch die Bedürfnisse der Kinder und Eltern aufgreifen. Andererseits spielen v. a. individuelle Anforderungen (z. B. Qualifikation der Fachkräfte, Temperament und Emotionen der am Eingewöhnungsprozess Beteiligten, Situation der Familie, Fachkraft-Kind-Interaktion, Bindungserfahrungen)

[13] Bertelsmann Stiftung 2012, S. 37.

Qualitätsmanagement

eine große Rolle, die hauptsächlich für die Beziehungsgestaltung zwischen Familie und Kita grundlegend sind.

Der Qualitätsmanagementprozess legt die Grundlage, um Ihre Arbeit in Bezug auf die Eingewöhnung **kontinuierlich zu überprüfen und zu verbessern**.

Ein typischer QM-Prozess

Der IST-Zustand wird analysiert und dem gegenüber der SOLL-Zustand ermittelt. Ein Plan, wie man vom IST-Zustand zum SOLL-Zustand gelangt, wird in einer Entwicklungsphase erstellt. Dieser wird dann in der Praxis erprobt und nach einem festgelegten Zeitpunkt evaluiert. Nach der Erprobungszeit wird der Plan modifiziert und standardisiert. Dieser Standard kann nun erneut in den QM-Kreislauf gelangen oder aber ein neuer IST-Zustand wird festgestellt und durchläuft den Prozess.

Eingewöhnungshaus

Das Fundament, auf dem die Eingewöhnung steht, ist die Planung und Vorbereitung. Der aktive und sichtbare Teil ist der Wohnbereich, der die Zeit der Eingewöhnung widerspiegelt und das Dach als Schutz und Sicherheit ist die Reflexion, die das Haus der Eingewöhnung abdichtet.

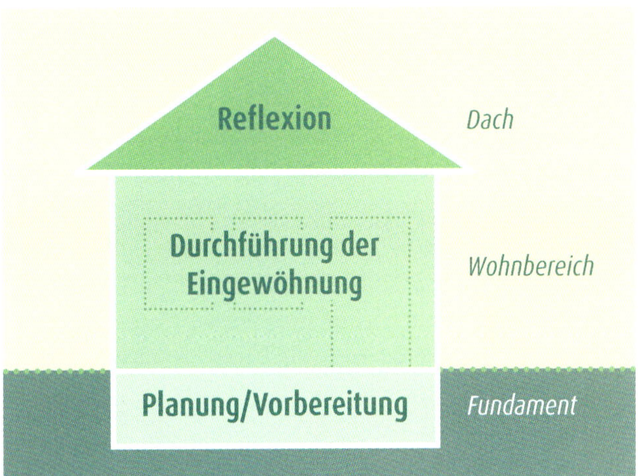

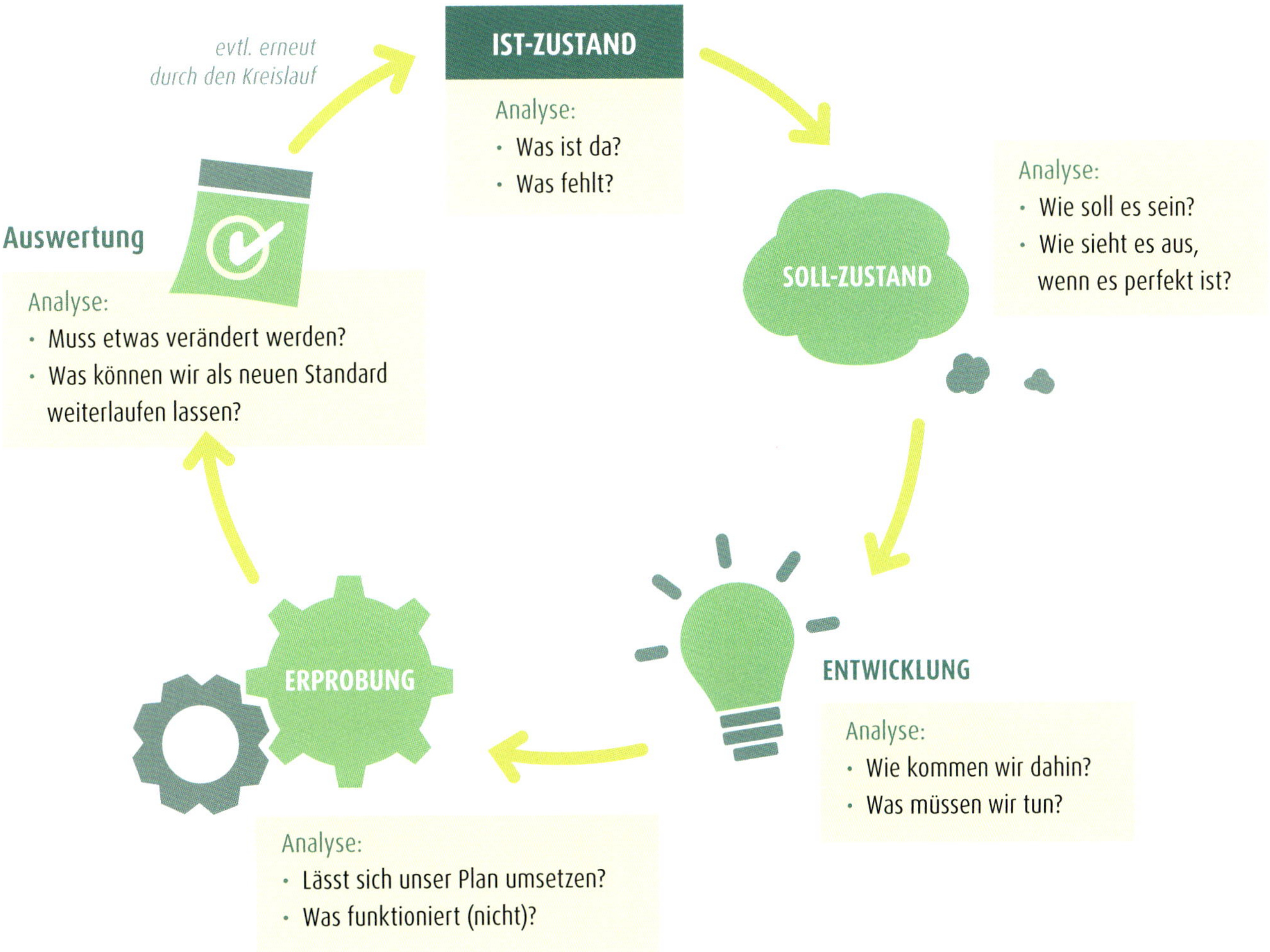

IST-ZUSTAND

Analyse:
- Was ist da?
- Was fehlt?

SOLL-ZUSTAND

Analyse:
- Wie soll es sein?
- Wie sieht es aus, wenn es perfekt ist?

ENTWICKLUNG

Analyse:
- Wie kommen wir dahin?
- Was müssen wir tun?

ERPROBUNG

Analyse:
- Lässt sich unser Plan umsetzen?
- Was funktioniert (nicht)?

Auswertung

Analyse:
- Muss etwas verändert werden?
- Was können wir als neuen Standard weiterlaufen lassen?

evtl. erneut durch den Kreislauf

Eingewöhnungsordner

Bevor Sie Ihre Reise durch den Qualitätsprozess starten, müssen Sie Ihren Koffer packen, d. h., Ihren Eingewöhnungsordner, der Sie durch die einzelnen Stationen Ihrer Reise begleitet.

Qualität lässt sich nur sichern, steigern und evaluieren, wenn sie protokolliert wird. Ein Ordner für die Eingewöhnung gibt Ihnen die Möglichkeit, Ihren Qualitätsprozess sichtbar zu machen.

In fünf Schritten zum eigenen Eingewöhnungsordner:

1. Nehmen Sie einen leeren Ordner oder Hefter zur Hand und beschriften Sie ihn mit „Eingewöhnung".
2. Dann nehmen Sie das Inhaltsverzeichnis (S. 3) und arbeiten die Bausteine ein, die Sie bereits umsetzen, z. B. Schnupperstunde, Elternabend, Aufnahmegespräch ... Nutzen Sie Reiter oder Trennblätter, um die Übersicht zu behalten.
3. Heften Sie Ihr bereits vorhandenes Material, z. B. Kopiervorlagen und solches, das Sie benutzen möchten, an eine passende Stelle im Ordner.
4. Richten Sie Rubriken für Notizen, Protokolle von Teamsitzungen zur Eingewöhnung und die Bewertungen der Eltern ein.
5. Bringen Sie den Ordner zum Wachsen und/oder überarbeiten Sie ihn einmal im Jahr, entsprechend Ihres aktuellen Standes im Prozess.

Ein Beispiel, wie Ihnen der Ordner dienen kann

Sie gestalten zum ersten Mal einen Elternabend für die neuen Eltern. Beginnen Sie klein. Alles, was Sie dazu vorbereiten, wie z. B. den Ablauf, Essen und Getränke, Inhalte und Informationen halten Sie schriftlich fest. Am Ende des Elternabends geben Sie den Eltern Raum, Fragen zu stellen. Sammeln Sie diese Fragen schriftlich. Den Ablauf und die gesammelten Fragen heften Sie im Eingewöhnungsordner ab. Reflektieren Sie den Elternabend möglichst zeitnah. Bei der Reflexion können Sie die Notizen zu dem, was Sie nächstes Mal einfügen/ändern wollen, direkt auf dem Ablauf festhalten. Legen Sie alles im Ordner an entsprechender Stelle ab. Im nächsten Jahr, wenn Sie den Elternabend zur Eingewöhnung vorbereiten, brauchen Sie nur auf den alten Ablaufplan schauen, diesen anpassen und dabei die Antworten auf die gängigsten Fragen der Eltern einbauen. Mit jedem Jahr wird Ihre Vorbereitung weniger Zeit in Anspruch nehmen, da Sie bereits über diese Vorarbeit und eine Vorlage verfügen.

QM-Prozess mithilfe der Bausteine

So können Sie das Buch und die beinhalteten Bausteine in Ihrem Qualitätsprozess zur Eingewöhnung anwenden:

Bausteine zufügen

- Schritt 1: Baustein auswählen
- Schritt 2: Brainstorming
- Schritt 3: Soll-Zustand ermitteln
- Schritt 4: Kapitel lesen
- Schritt 5: Fragen bearbeiten
- Schritt 6: Zusammen-fassung
- Schritt 7: Planung
- Schritt 8: Auswertung

Vorbereitung

Die Leitung führt das Team durch den QM-Prozess. Sie bereitet den Raum und das Material entsprechend vor. Dazu kann sie sich ggf. mit dem Buch und den einzelnen Schritten zum QM-Prozess (s. weiter unten) vertraut machen. Auch die Flipcharts können bereits beschriftet werden.

Zeit

insgesamt ca. 1,5–2 Stunden (je nach Teamgröße und Thema)

Material

- ✔ Buch
- ✔ Flipchart oder entsprechende Papierbögen
- ✔ Notizpapier
- ✔ Stifte, Marker
- ✔ Klebepunkte oder bunte Filzstifte
- ✔ Timer (oder Zeitwächter)

Vorgehen

Stellen Sie vor jedem Schritt einen Timer und versuchen Sie, zügig innerhalb der geplanten Zeitspanne zu arbeiten. Versuchen Sie, mit der kürzeren Zeit aus den Angaben auszukommen. Bei Bedarf dehnen Sie auf die längere Zeitangabe aus.

Schritt 1: Auswahl der Bausteine

je nach Teamgröße 10–15 Min. (Timer stellen/Zeitwächter)

Zuerst: Schauen Sie sich gemeinsam das Inhaltsverzeichnis mit den Bausteinen an. Nun können Sie jeden Baustein nacheinander wie in der Grafik angehen.

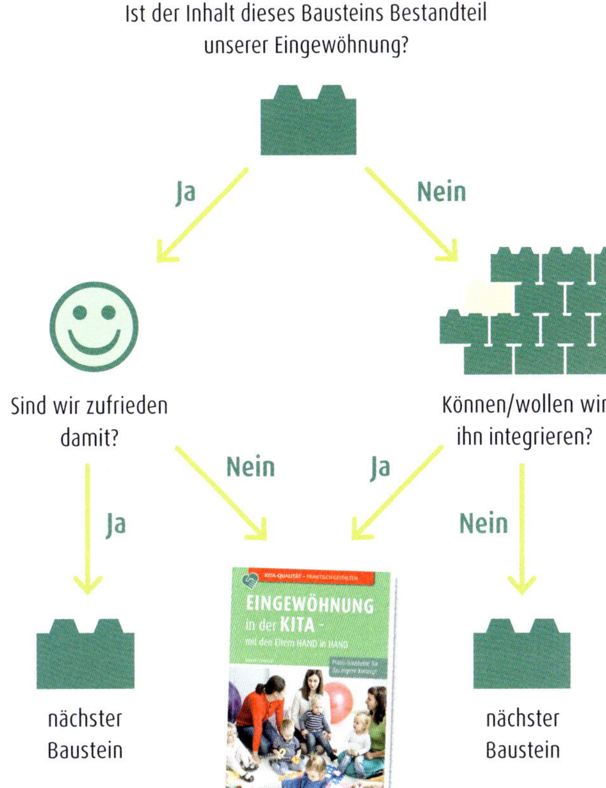

Nehmen wir als Beispiel den Baustein M: Schnuppern. Sie überlegen: Ist der Inhalt des Bausteins Bestandteil unserer Eingewöhnung? Folgen Sie dem Pfeil entsprechend Ihrer Antwort. Bieten Sie „Schnuppertage" in der Einrichtung an, wählen Sie den Pfeil „Ja". Sind Sie zufrieden mit deren Ablauf? Wenn Sie nun „Ja" wählen, dann können Sie sich den nächsten Baustein vornehmen. Beispielsweise ist es der Baustein H: Die Kindergruppe einbeziehen. Beziehen Sie die Kindergruppe zur Eingewöhnung mit ein? Vielleicht antworten Sie „Nein", dann folgen Sie dem Pfeil und kommen zu der Frage: Können oder wollen wir das integrieren? Ist Ihre Antwort „Nein", dann prüfen Sie den nächsten Baustein anhand der Grafik. Ist Ihre Antwort jedoch „Ja", dann notieren Sie sich den Baustein für die Bearbeitung im Rahmen Ihres Qualitätsmanagements. Nutzen Sie dafür ein Flipchart. Verfahren Sie so mit allen Bausteinen, bis Sie eine Liste mit allen für Sie bearbeitungsrelevanten Bausteinen haben. Stehen in dieser Liste mehr als drei Bausteine, dann wenden Sie den nächsten Teil dieses Schrittes an, ansonsten können Sie den Teil überspringen.

Anschließend (wenn Sie eine Liste mit mehr als drei Bausteinen haben) betrachten Sie gemeinsam die Liste mit Ihren ausgewählten Bausteinen. Jedes Teammitglied wählt drei Bausteine aus, die er oder sie für besonders wichtig hält, und markiert diese. Nutzen Sie dazu die Klebepunkte oder die bunten Filzstifte, mit denen Sie einen Punkt oder Strich neben die Bausteine malen. Die drei Bausteine mit den meisten Markierungen werden im Team vorrangig bearbeitet. Falls es nur zwei oder aber vier meistgenannte Bausteine gibt, wählt die Leitung entsprechend aus, sodass drei Bausteine übrig bleiben. Kreisen Sie diese Bausteine ein.

Als Nächstes bestimmen Sie im Team die Reihenfolge. Welcher Baustein hat die höchste Priorität und soll daher zuerst bearbeitet werden? Als Entscheidungshilfe können Sie gern einen Blick in die entsprechenden Kapitel des Buches werfen. Schreiben Sie entsprechend Ihrer Priorität eine 1, 2 und 3 jeweils vor Ihre drei Bausteine.

Schritt 2: Brainstorming

5–10 Min. (Timer stellen/Zeitwächter)

Nach der Auswahl schreiben Sie das Thema des Bausteins mit der Ziffer 1 auf ein Plakat oder Flipchart als Überschrift. Zeichnen Sie darunter eine Tabelle mit drei Spalten. Die erste Spalte für Fragen und Probleme, die zweite Spalte für Ideen und Möglichkeiten und die dritte für Sonstiges. Starten Sie ein Brainstorming zum Thema des Bausteins und ordnen Sie die Gedanken den drei Spalten zu.

Baustein: Außendarstellung

Fragen/Probleme	Ideen/ Möglichkeiten	Sonstiges
• Die Einrichtung müsste gestrichen werden, aber kein Geld vom Träger. • Kein einheitliches Aushangsystem, jede Gruppe macht andere Aushänge. • Viel Werbung im Eingangsbereich • Kein Platz für Anmeldebögen • Eltern lesen oft die Aushänge nicht. • Klebestreifen machen die Wände kaputt.	• selbst streichen, aus eigenen Mitteln finanzieren, Eltern um Hilfe bitten • Wir hätten gern digitale Bilderrahmen. • Nur nützliche Werbung auslegen • Magnetwände für Aushänge kaufen/ nutzen	• Die Einrichtung wirkt alt und dunkel, es ist chaotisch und unübersichtlich.

QM-Prozess mithilfe der Bausteine

Schritt 3: Soll-Zustand ermitteln

10–15 Min. (Timer stellen/Zeitwächter)

Nehmen Sie ein neues Papier und schreiben Sie in die Mitte: „In unserer perfekten Kita sieht der Baustein so aus …" Jetzt dürfen Sie träumen. Alle schreiben ihre Gedanken, wie der Baustein einer perfekten Kita aussieht, wie er sich umsetzen lässt und welche Rahmenbedingungen dafür gelten, direkt auf das Papier.

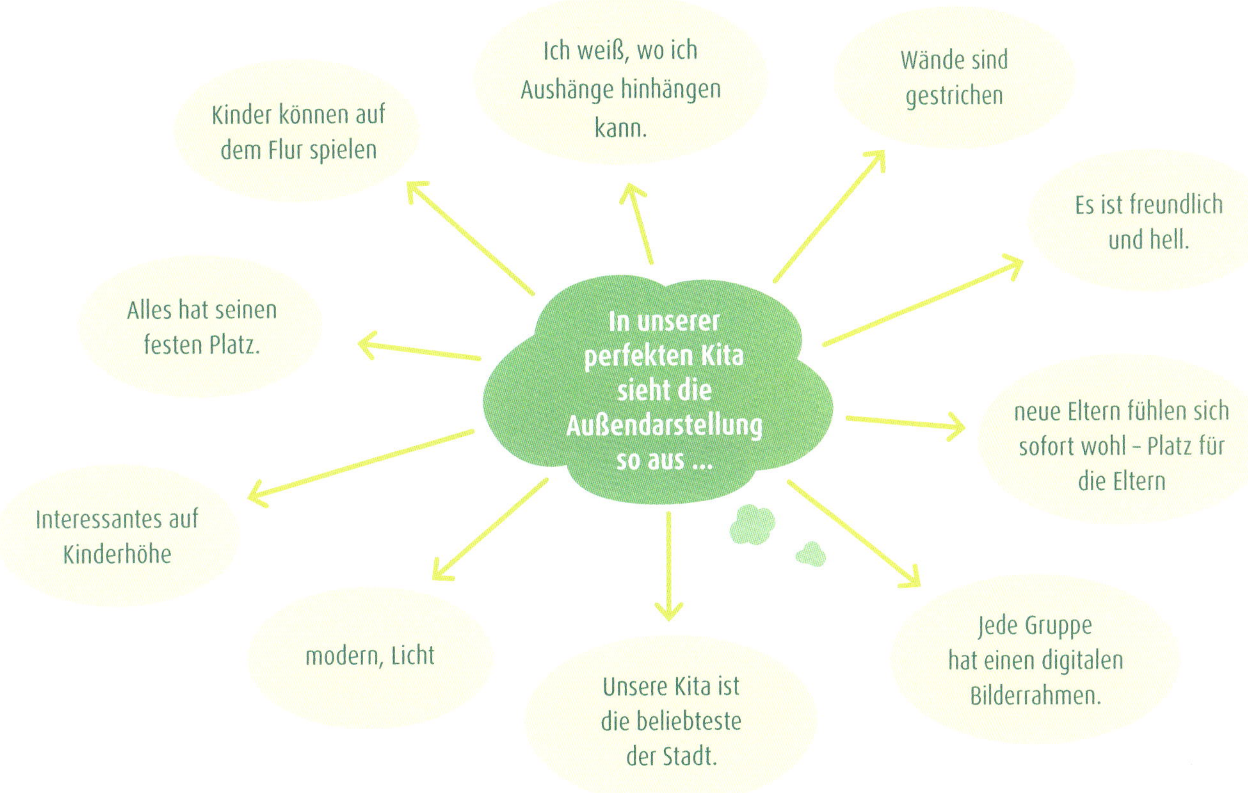

Schritt 4: Kapitel lesen

je nach Thema 10–25 Min. (hier müssen Sie den Timer nicht stellen)

Lesen Sie gemeinsam den Inhalt aus dem entsprechenden Baustein. Die Personen, die nicht vorlesen, machen sich währenddessen Notizen. Sie können sich dabei an den drei Kategorien aus der Brainstormingtabelle orientieren (s. Schritt 2).
In manchen Bausteinen finden Sie Teamaufgaben. Diese können Sie optional mitbearbeiten. Setzen Sie hier Ihre eigenen Prioritäten und beschäftigen Sie sich mit den Themen und Aufgaben, die Sie als sehr wichtig für Ihre Kita und Ihr Team erachten.
Alternative: Jede*r liest für sich und notiert dabei.

Schritt 5: Fragen bearbeiten

5 Min. je Frage (Timer stellen/Zeitwächter)

Nehmen Sie sich nun die Fragen am Ende des Kapitels vor und beantworten Sie sie gemeinsam. Sie können, müssen aber nicht, alle Fragen beantworten. Dazu schreiben Sie jede Frage auf einen eigenen Bogen Papier und alle Ihre Ideen und Gedanken darunter.

Schritt 6: Zusammenfassung

10–15 Min. (Timer stellen/Zeitwächter)

Jetzt fassen Sie zusammen, was Sie bisher erarbeitet haben. Nehmen Sie die Brainstormingtabelle, das Plakat „In unserer perfekten Kita …", die Notizen aus Schritt 4 und die Antworten von Schritt 5. Auf einem neuen Blatt versuchen Sie, gemeinsame Punkte zusammenzufassen. Welche Themen, Fragen, Probleme und Ideen ergeben sich daraus? Listen Sie sie auf dem neuen Blatt auf.

Schritt 7: Planung

15–20 Min. (Timer stellen/Zeitwächter)

Planen Sie nun, wie Sie diesen Baustein in Ihrer Einrichtung etablieren möchten. Konzentrieren Sie sich auf die für Sie relevanten Aspekte und Ihre aktuellen Themen. Es reicht, sich auf drei bis fünf Themen zu konzentrieren. Wenn Sie möchten, können Sie drei bis fünf Themen nach dem Prinzip aus Schritt 1 wählen. Gibt es zu dem Baustein eine Übung, können Sie auch diese in Ihre Planung aufnehmen. Benutzen Sie für Ihre Planung die Kopiervorlage Planung QM-Prozess auf S. 23.

Legen Sie einen Termin fest, bei dem Sie auswerten, was Sie geschafft haben. Setzen Sie sich einen regelmäßigen Rhythmus, in dem Sie einzelne Schritte vollziehen möchten, z. B. alle drei Monate führen wir Schritt 7 und 8 durch und einmal im Jahr die Schritte 1–7. Tragen Sie diese Termine bereits in Ihren Kalender ein oder bestimmen Sie dafür die Zeiten im Voraus.

Schritt 8: Auswertung (zu einem späteren Termin)

10–15 Min. (Timer/Zeitwächter)

Zum festgelegten Termin aus Schritt 7 betrachten Sie Ihren aktuellen Stand. Was konnte erledigt werden? Was nicht? Warum? Dann gehen Sie zurück zu Schritt 7 und planen erneut. Alle unerledigten Themen bleiben bestehen, nun können Sie Ihren Themenkatalog wieder auf 3–5 Themen auffüllen. Für die intensivere Auswertung und die Auswertung für einen gesamten Baustein lesen Sie weiter im Baustein Y (S. 99).

PLAN
Baustein: Außendarstellung

Termin zur Auswertung:
3. Februar

Erledigt	Thema	Das tun wir, um Qualität zu steigern/sichern	Umsetzung bis:	Verantwortlich	Notizen
☐	Wände streichen	• Termin zum Streichen festlegen • Liste für Eltern aushängen, die mithelfen wollen • Farbe und Material besorgen • Eingangsbereich freiräumen • am Ende putzen	30. Januar	Lara und Elif	
☐	Aushänge verändern	• in Teamsitzung separat darüber reden • jede Gruppe macht sich vorher darüber Gedanken	15. Januar	Leitung, Gruppenteams	
☐	digitale Bilderrahmen	• Produkte auswählen • Kostenübersicht erstellen • Träger fragen, ob er Kosten übernimmt, gute Argumente dafür sammeln	20. Januar	Frank und Elif	Gedanken der Gruppenteams werden schriftlich festgehalten
☐	u. a.				

Plan QM-Prozess

Erledigt	Thema	Das tun wir im Rahmen des QM	Umsetzung bis:	Wer ist dafür verantwortlich?	Notizen
○					
○					
○					
○					
○					
○					

BAUSTEINE

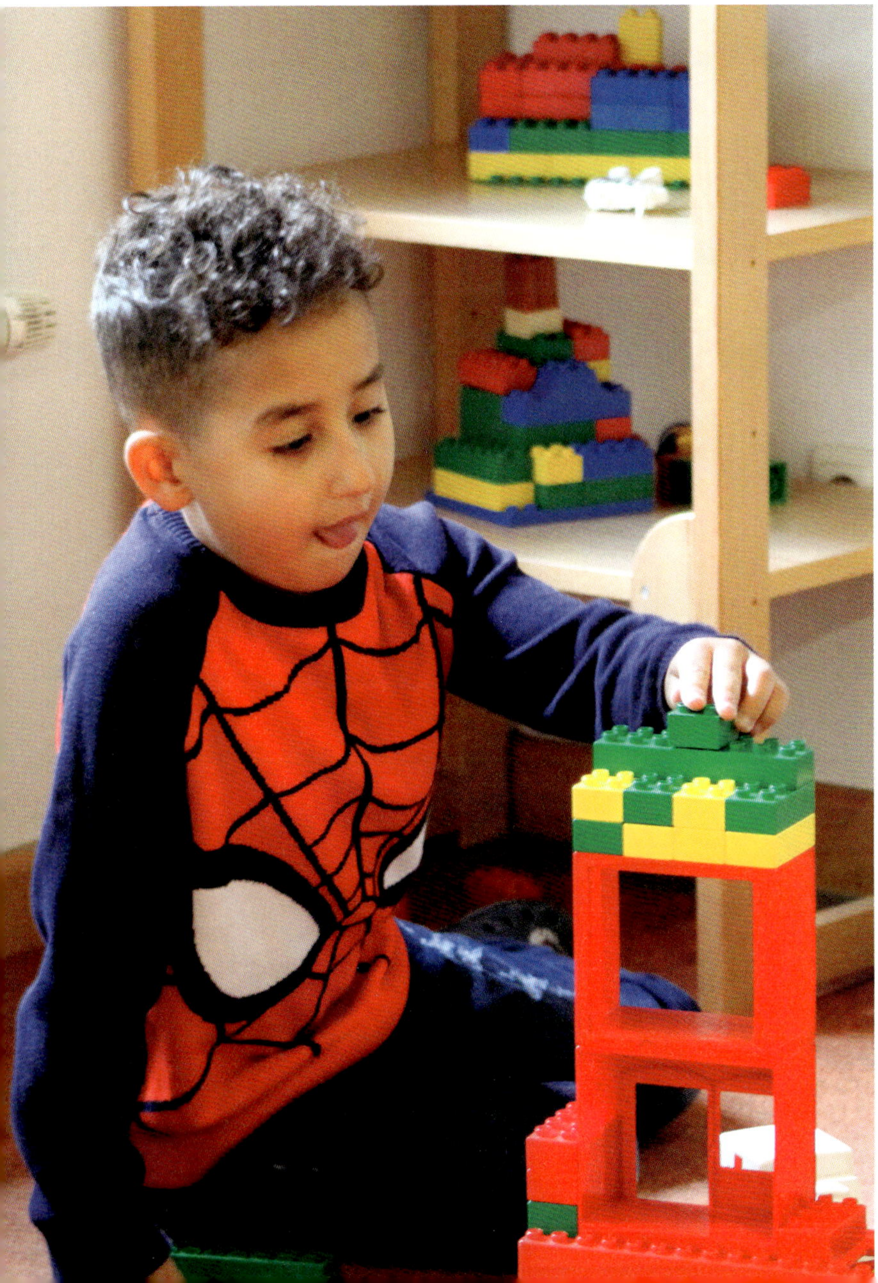

Im folgenden Teil befinden sich die einzelnen Bausteine zur Eingewöhnung. Sie enthalten Tipps, Ideen, Kopiervorlagen und Fragen. Viele Aspekte der Eingewöhnung und wie sie in der Kita praktisch umgesetzt werden können, sind darin abgebildet.

BAUSTEIN A:

Außendarstellung

Der erste Eindruck zählt

Die Eingewöhnung beginnt mit dem ersten Kontakt. Damit ist nicht das Aufeinandertreffen von Pädagog*innen und Kind gemeint, sondern die erste Begegnung zwischen Eltern und Einrichtung. Diese kann unterschiedlich aussehen, z. B.:

- ➜ ein Gespräch mit einer anderen Mutter
- ➜ die Betrachtung des Kitagebäudes auf dem Weg zum Einkaufen
- ➜ das Lesen eines Zeitungsartikels über die Kita
- ➜ ein Blick auf die Homepage der Einrichtung
- ➜ durch die Kirche (kirchliche Träger)
- ➜ Kontaktvermittlung durch das Jugendamt

Psychologische Untersuchungen belegen, wie bedeutend der erste Eindruck ist. Das Gehirn verarbeitet eine Vielzahl von Informationen, z. B. Klang der Stimme, Händedruck, Gesichtsausdruck, Kleidungsstil, Gang, Körperhaltung, Wortgebrauch usw. und führt sie zu einem **Gesamteindruck** zusammen. Dabei hilft ihm ein „Schubladendenken", um möglichst wenig Energie zu verbrauchen. Alles Weitere wird auf Grundlage des ersten Eindrucks beurteilt. Während sich große Firmen dessen sehr wohl bewusst sind und Unsummen an Geld investieren, um den ersten Eindruck zu nutzen, ist dies im Kindergarten oft ein unterschätzter Faktor. Einen einmal gemachten Eindruck wieder zu verändern, ist sehr mühsam.
Wenn interessierte Eltern Ihre Einrichtung betreten, anrufen oder sich die Internetseite anschauen, dann entwickeln sie bereits eine **Grundstimmung** Ihnen gegenüber.

Fallbeispiel

Eine Mutter ruft in der Kita Sonnenschein an, um ihr Kind anzumelden. Es ist ihr erstes Kind und die erste Kita, die sie kontaktiert. Die Erzieherin am Telefon fragt: „Sie wollen was?"
Die Mutter denkt, dass ihre Frage nicht verstanden wurde und wiederholt deshalb: „Ich möchte mein Kind bei Ihnen anmelden."
Die Erzieherin beginnt zu lachen: „Wirklich?"
„Ja, deshalb rufe ich an."
„Wissen Sie, wie viele Plätze ich zur Verfügung habe?"
Die Mutter ist verwirrt. „Nein."
„Fünf."
„Gut, kann ich mein Kind bei Ihnen anmelden?"
„Nein. Ich habe acht Geschwisterkinder, die ich aufnehmen muss. Sie können Ihr Kind bei uns anmelden, aber es wird keine Chance auf einen Platz haben."
Die Mutter gibt nicht auf: „Können Sie mir vielleicht einen Tipp geben, wo ich mein Kind anmelden kann?"
„Nein, es gibt einfach zu wenig Kindergartenplätze, ich kenne keine Kita, die noch Plätze frei hätte."
„Oh, okay."
„Tut mir leid."
„Tschüss."
„Tschüss."

TEAMAUFGABE

Versetzen Sie sich in die Lage Mutter:
Es ist ihr erster Kontakt mit einer Kita. Wie wirkt so ein Gespräch? Was denkt diese Mutter wohl über Kitas? Was denkt sie über Erzieher*innen? Was bringt sie für Sorgen und Ängste mit?
Wie hätte man das Gespräch anders oder besser führen können?

BAUSTEIN A: Außendarstellung

Ist der Ruf erst ruiniert ...

Der Ruf der Kita hat ebenfalls Einfluss auf die Wahrnehmung der Eltern.
Ähnlich wie beim ersten Eindruck ist es schwierig, einen schlechten Ruf wieder loszuwerden. Wie entsteht der Ruf?
Der Ruf wird zum größten Teil durch die bereits vorhandene Elternschaft weitergetragen. Interessierte Eltern, denen eine gute Betreuung wichtig ist, informieren sich bei anderen Eltern in ihrer Umgebung.
Auch wenn Sie eine Einrichtung haben, in der die Kitaplätze rar sind und Familien froh sind, wenn sie überhaupt einen Platz bekommen, sollten Sie sich bemühen, Ihren Ruf zu wahren.
Sie wissen nicht, wann sich die Bedarfslage wieder ändert. Mit einem guten Ruf bekommen Sie mehr Anmeldungen. So können Sie sich eher aussuchen, wen Sie aufnehmen.
(Je nach geografischer Lage und Trägervorgaben kann dies für Ihre Kita zutreffen oder nicht.)

Nicht alles ist kontrollierbar

Nicht immer ist es möglich, den Ruf zu wahren. Oft braucht es mehrere Jahre, bis Qualität den Ruf erhält, den sie verdient. Denken Sie deshalb langfristig. Versuchen Sie, Ihren Ruf nicht mit einer „schicken Fassade" herzustellen. Sie arbeiten mit Menschen und Menschen sind emotionale Wesen. Arbeiten Sie vielmehr an Ihrer **Willkommenskultur** und Ihrer **inneren Haltung**. Äußerliche Dinge können diese widerspiegeln, aber niemals ins rechte Licht rücken. Werden Sie aktiv in den Bereichen, die Sie beeinflussen können. Suchen Sie beispielsweise das Gespräch mit den Eltern. Missverständnisse können geklärt werden und für Probleme gibt es Lösungen.
Und noch eine Sache: **Seien Sie selbst das Vorbild**. Lästern Sie nicht über Kolleg*innen und auch nicht über Eltern oder Kinder, vor allem nicht im Beisein von irgendwem. Sparen Sie sich Ihre Energie für die wirklich wichtigen Dinge. Wir alle machen Fehler. Aber wir sind alle Menschen und profitieren davon, wenn wir uns gegenseitig mit Respekt begegnen.

TIPP

Auch Ihre Homepage ist ein Aushängeschild. Immer mehr Menschen suchen im World Wide Web nach Informationen. Haben Sie einen Internetauftritt? Wenn nicht, wollen Sie dieses Medium nutzen? Wenn Sie einen haben, welche Informationen finden Eltern und Außenstehende dort? Können Sie Einfluss auf Gestaltung und Informationen nehmen? Was gefällt Ihnen, was nicht? Was könnte man ändern? Wer könnte das ändern?

FRAGEN

- Wo bekommen Eltern und Familien einen ersten Eindruck von unserer Kita und welchen? (Z. B. Internet, Zeitung ...)
- Welche Atmosphäre soll bei uns spürbar sein?
- Welchen ersten Eindruck wollen wir vermitteln? Was können wir dafür tun, dass dieser Eindruck entsteht?
- Wissen wir, welchen Ruf wir haben?
- Was können wir tun, um unseren guten Ruf zu wahren oder wiederherzustellen?
- Bekommen interessierte Eltern die Informationen, die sie brauchen? Wo?
- Wie können wir neue Eltern willkommen heißen?

BAUSTEIN A: Außendarstellung

Übung: Die eigene Kita mit fremden Augen betrachten

Zweck: die Kita aus einer anderen Perspektive betrachten
Personenzahl: gesamtes Team oder kleine Gruppen
Dauer: ca. 20–60 Min.

Material:
- ✔ Stifte
- ✔ Kopiervorlage (S. 29) in Anzahl aller Teilnehmer*innen/Gruppen
- ✔ Unterlage zum Schreiben, z. B. Kladden, Bücher oder Blöcke

Grundübung: Gemeinsame Erkundung

Von der Straße aus laufen Sie auf Ihre Einrichtung zu, bis zum Eingang. Versetzen Sie sich in die Lage eines neuen Elternteils, das Ihre Einrichtung noch nie gesehen hat. Beantworten Sie die Fragen der Kopiervorlage S. 29 gemeinsam an den entsprechenden Orten oder tragen Sie Ihre Ergebnisse zusammen.
Halten Sie alle Gedanken schriftlich in einer Liste fest.

TIPP

Wiederholen Sie diese Übung jährlich. Dabei können Sie jedes Mal eine andere Version der Übung probieren.

Versionen der Übung:

- ➜ Teilen Sie sich als Team in kleine Gruppen auf. Jede Gruppe nimmt eine andere Perspektive ein, z. B. Krabbelkinder, Vorschulkinder, fremde Eltern, Eltern ohne Deutschkenntnisse, Großeltern, eine Person im Rollstuhl ... Beantworten Sie aus dieser Perspektive die Fragen der Kopiervorlage.
- ➜ Eine kitafremde Person wird als objektive Außenstehende eingeladen, um „betriebsblinde Flecken" aufzudecken. Laden Sie dazu z. B. eine*n Kolleg*in aus einer anderen Kita ein, sich Ihre Einrichtung anzuschauen und die Fragen der folgenden Seite zu beantworten.
- ➜ Machen Sie diese Übung gemeinsam mit Eltern Ihrer Einrichtung, beispielsweise dem Elternrat.
- ➜ Nehmen Sie Kontakt mit einer Kita in der Nähe oder einer befreundeten Kita auf und tauschen Sie. Jedes Team schaut beim anderen und schildert seine Eindrücke.
- ➜ Üben Sie in anderen Kitas. Wenn Sie in einer fremden Kita sind, beispielsweise zur Fortbildung oder zum Austausch, dann gehen Sie genau mit diesem Blick in die Kita. Welche Informationen sind zu sehen? Wo? Wie werden sie präsentiert? Welche Atmosphäre herrscht in der Kita?
- ➜ Das Gleiche können Sie online machen. Schauen Sie sich ganz bewusst den Onlineauftritt anderer Kindergärten an. Wie sind sie gestaltet, welche Informationen findet man? Wie ist die Ansprache?
- ➜ Betrachten Sie nicht die gesamte Einrichtung, sondern die einzelnen Gruppen (sofern mehrere Gruppen in Ihrer Einrichtung sind) oder die Funktionsräume (bei einer offenen Kita) nach dem gleichen Prinzip. Dabei suchen Sie sich passende Fragen aus der Kopiervorlage aus und beantworten diese beim Rundgang durch die Gruppen.

Die Kita mit fremden Augen betrachten

Vor der Einrichtung

1. Was sehen Sie als Erstes? Was nehmen Sie wahr, welche Informationen bekommen Sie?
2. Welchen Eindruck macht das Gebäude von außen? Woran erkennt man, dass es sich um eine Kita handelt?

Eingangsbereich der Einrichtung

3. Wie empfinden Sie die Atmosphäre, die Sie empfängt?
4. Was fällt Ihnen auf? Schauen Sie, welche Dinge auf Augenhöhe sind, ob Sie sich umdrehen oder manchen Dingen zuwenden müssen, um sie zu sehen. Was sticht ins Auge, ohne dass Sie extra suchen müssen? Was nehmen Sie gar nicht wahr?
5. Wie werden die Informationen aufbereitet? Nehmen Sie Farben, Schriftarten und Größen wahr. Welche Medien werden genutzt? Wie lange dauert es, alle Informationen zu sehen und zu lesen?
6. Ist der Bereich einladend gestaltet? Hell und freundlich? Wie werden Sie begrüßt und willkommen geheißen? Wo können Sie sich aufhalten?

Flur, weitere Räume der Einrichtung (Turnraum, Toiletten, Küche ...) und Außengelände

7. Was fällt Ihnen ins Auge? Was spricht Sie an?
8. Was könnte man ändern und wie?
9. Was passt nicht bzw. stört?
10. Was ist gut umgesetzt und hilfreich?
11. Wie sieht es vor den Gruppen aus? (Garderobe ...)

In den Gruppen

12. Worauf fällt der Blick als Erstes?
13. Wie sind die Gruppen gestaltet? Kann man sich hier, ohne die Räume zu kennen, zurechtfinden?
14. Wo kann man hier etwas trinken, sich die Hände waschen, auf Toilette gehen? Wo ist der Mülleimer?
15. Wo dürfen, können, kommen die Kinder dran? Was lädt zum Spielen und Verweilen ein?
16. Was könnte man verändern und verbessern und warum? Wie sähe das aus?
17. Was ist in der Gestaltung besonders gelungen?

BAUSTEIN B:
Anmeldung und Besichtigung

Die Anmeldung ist vielerorts für Eltern herausfordernd, da meist jede Stadt und jede Kita ihr eigenes Anmeldesystem hat. Darum ersparen Sie sich und den Eltern Zeit und Mühe. Machen Sie den **Anmeldeablauf** transparent. Dies kann unterschiedlich vonstattengehen, je nachdem, welchen Kontaktweg die Eltern zu Ihnen wählen. Beispielsweise können Sie einen Aushang an die Eingangstür Ihrer Kita machen: „Wir freuen uns, wenn Sie Ihr Kind bei uns anmelden möchten. Ihre Anmeldung nehmen wir gern montags bis donnerstags von 14–16 Uhr entgegen."

Transparenz und Elternarbeit gehören zusammen wie zwei Klettstreifen. Eine gute Möglichkeit, Transparenz zu schaffen, ist, wenn Sie Ihre Einrichtung für **Besichtigungen** öffnen.
Das bietet folgende Vorteile:

- Die Eltern bekommen einen ersten Eindruck von der Einrichtung.
- Die Eltern können besser entscheiden, ob die Einrichtung ihren Wünschen entspricht.
- Gewinnen die Eltern einen guten Eindruck Ihrer Einrichtung, beginnen sie die Kitazeit mit einer positiven Grundstimmung.
- Die Eltern entwickeln Vorfreude auf die Kitazeit.
- Erste Ängste können abgebaut werden.
- Sie werden bereits vor der Anmeldung über die Wichtigkeit der Eingewöhnungsphase informiert.
- Sie können vielen Eltern gleichzeitig die wichtigsten Informationen geben und das Anmeldeformular ausfüllen lassen. Das spart Zeit im Alltag.

Wenn Sie z. B. die Anfrage erhalten, dass Eltern sich die Kita anschauen oder ihr Kind bei Ihnen anmelden möchten, dann tragen Sie die Eltern mit Telefonnummer in eine Liste ein (s. Kopiervorlage S. 32). Bitten Sie sie, abzusagen, falls etwas deren Teilnahme verhindert. Die für die Besichtigung verantwortliche Fachkraft hat dann eine Übersicht darüber, ob alle angemeldeten Eltern erschienen sind. Außerdem können Sie im Notfall (z. B. Personalengpass) die Eltern anrufen und den Besichtigungstermin verschieben.

Folgende drei Punkte haben sich bei der Besichtigung bewährt:

1. Räumlichkeiten zeigen und Konzept der Kita vorstellen
2. Fragen beantworten
3. Anmeldebögen zur Verfügung stellen

Am einfachsten empfangen Sie die Eltern im Eingangsbereich und zeigen Möglichkeiten, Kinderwagen zu parken.
Besonders Eltern, die ihr erstes Kind in einer Kita anmelden, können mit zu vielen Infos überfordert sein. Darum ist es sinnvoll, abwechselnd Informationen weiterzugeben und die Räume zu zeigen, um verschiedene Sinne anzusprechen.
Nicht alle Dinge aus Ihrem Kita-Alltag sind für diese erste Besichtigung relevant. In der Kopiervorlage Informationen bei der Besichtigung auf S. 33 finden Sie eine Liste mit den wichtigsten Infos, die Eltern anfangs brauchen. Nutzen Sie den Vordruck als Gedankenstütze und stellen Sie **Besonderheiten** Ihrer Einrichtung heraus.

BAUSTEIN B: Anmeldung und Besichtigung

Denken Sie daran, das Außengelände zu zeigen, und geben Sie den Eltern die Möglichkeit, **Fragen** zu stellen.

Überlegen Sie, was für Ihre Einrichtung sinnvoller ist: Eine Besichtigung während oder außerhalb des alltäglichen Betriebs? Beides hat seine Vor- und Nachteile.
Bedenken Sie, dass außerhalb des Betriebs Überstunden anfallen und die Eltern lediglich die Räume sehen.
Im laufenden Betrieb kann es möglicherweise störend sein, dafür fallen keine Überstunden an und die Eltern bekommen eher die Atmosphäre des Alltags mit. In diesem Fall achten Sie darauf, die Besichtigung in die Randzeiten zu legen.

Hinweis: Kopieren Sie so viele Listen, wie Sie im ganzen Jahr Besichtigungen durchführen möchten. Hängen Sie die Listen im Büro aus oder heften Sie diese in Ihren Eingewöhnungsordner. So können Sie bei Anfragen seitens der Eltern einen Termin ausmachen und die Eltern in die entsprechende Liste eintragen.

Alternative zur Besichtigung: Tag der offenen Tür

Den Tag der offenen Tür können Sie beispielsweise im Rahmen des Sommerfestes veranstalten oder mit einem Trödelmarkt für Kinderkleidung und Spielzeug verbinden. Dabei können Sie allen interessierten Eltern eine Besichtigung anbieten.

Fragen

- Wo und wie können Eltern mit unserer Kita Kontakt aufnehmen (z. B. Blick auf die Webseite, telefonisch, persönlich ...)?
- Was sind typische Fragen, die Eltern haben?
- Was sind die Antworten, die wir darauf geben?
- Welche Informationen geben wir darüber hinaus an die Eltern?
- Welche Informationen benötigen die Eltern darüber hinaus?
- Wie können wir diesen Weg der Kontaktaufnahme gut gestalten und den Eltern bedeutende Informationen bereitstellen?
- Wo, wann und wie können Eltern ihr Kind bei uns anmelden?
- Wie geht es nach der Anmeldung weiter?
- Wann erhalten Eltern eine Zusage, dass Sie einen Platz haben?
- Was geschieht, wenn wir keine Zusage erhalten? Was können Eltern tun, die keinen Kitaplatz bekommen?
- Wie viele Besichtigungstermine wollen wir im Jahr anbieten?
- Was zeigen wir bei der Besichtigung?
- Welcher Zeitrahmen und Umfang ist für die Besichtigung angemessen?
- Wer ist für die Durchführung verantwortlich?
- Welche Informationswege können wir vereinfachen bzw. verkürzen?

TIPP

Legen Sie genügend Anmeldebögen (s. Kopiervorlage S. 34) und Stifte bereit. Bieten Sie Tische oder Klemmbretter an, an denen die Eltern die Anmeldebögen ausfüllen können.

Elternliste für die Besichtigung

Nächster Termin: .... **Verantwortliche Fachkraft:** ....

Name (Nachname des Elternteils)	Telefonnummern

Informationen bei der Besichtigung

Träger der Einrichtung: Art und/oder Schwerpunkt der Kita (z. B. Familienzentrum, Montessori, Betriebskindergarten)	
Öffnungs- und Betreuungszeiten (Stundenumfang)	
Gruppenverteilung und Betreuungsschlüssel	
Ergänzendes Personal (z. B. Heilpädagog*in, Lesepat*in ...)	
Nähere Infos zum pädagogischen Konzept	
Essen und Getränke Zusätzliche Kosten (z. B. für Ausflüge, gesundes Frühstück ...)	
Besondere Räume oder Funktionsbereiche	
Sonstiges (z. B. Projekte, Kooperation mit der Grundschule, Kinderparlament, Schwimmen ...)	
Informationen über die Anzahl der freien Plätze und Chancen auf einen Platz (Aufnahmekriterien)	
Infos zur Eingewöhnung: • Wie wird eingewöhnt? • Wie viel Zeit sollten sich die Eltern nehmen? • Frühzeitige Absprache, wenn diese Zeit nicht zur Verfügung steht.	

Gibt es noch Fragen?

Datenblatt zur Anmeldung

Vor- und Nachname des Kindes:		Gewünschte Betreuungszeiten:
Geburtsdatum:		
Geburtsort:		
Adresse:		Beginn der Betreuung:
		Sprache(n), die zu Hause gesprochen wird (werden):
Staatsangehörigkeit:		Geschwisterkind in der Einrichtung? ◯ Ja ◯ Nein
Religionszugehörigkeit/ Konfession:		

Name des Vaters:		**Name der Mutter:**	
Adresse: ◯ wie Kind		Adresse: ◯ wie Kind	
Beruf:		Beruf:	
Voll- oder Teilzeit-beschäftigung?		Voll- oder Teilzeit-beschäftigung?	
Telefonnummer:		Telefonnummer:	
Mobilnummer:		Mobilnummer:	
Nummer dienstl.:		Nummer dienstl.:	
Staatsangehörigkeit:		Staatsangehörigkeit:	
Konfession:		Konfession:	

Besonderheiten beim Kind: (z. B. Allergien, Besonderheiten bei der Ernährung, Krankheiten, Auffälligkeiten während und nach der Schwangerschaft, ist das Kind in ärztlicher Behandlung?)

....

....

....

....

BAUSTEIN C: Aufnahme

Ist die Platzvergabe erfolgt, beginnt die Aufnahmeplanung der neuen Kinder. Jede Kita hat dabei ihr eigenes Vorgehen. Entsprechend dem Zwiebelsystem (s. S. 37) geht es in diesem Baustein hauptsächlich um die Aufnahme und Weitergabe allgemeiner Informationen. Individuelle Fragen zum Kind, dessen Gewohnheiten und Familiensituation finden Sie im Baustein J (S. 53) und Baustein K (S. 57).

In den meisten Fällen wird die Leitung das Aufnahmegespräch führen und der*die Bezugserzieher*in das Erstgespräch eingebunden (s. S. 53).

Um Termine und Zeit zu sparen, lässt sich das Aufnahmegespräch gut mit anderen Bausteinen verbinden, z. B. Baustein M (S. 65) oder Baustein J (S. 53).

TIPP

Verwenden Sie Ihre eigenen Begrifflichkeiten. Vielleicht heißt es bei Ihnen „Kennenlerngespräch" oder „Informationsgespräch"? Benennen Sie die Bausteine einfach dementsprechend um.

Versichern Sie sich im Gespräch, dass die Eltern genug Zeit für die Eingewöhnung mitbringen können. Falls nicht, beginnen Sie bereits jetzt, gemeinsam zu überlegen, was Sie diesbezüglich unternehmen können, um dem Kind dennoch eine sanfte Eingewöhnung zu ermöglichen. Wertvolle Tipps dazu gibt es im Sonderkapitel Eltern müssen zeitnah wieder arbeiten (S. 105).

Listen Sie auf, was rund um die Aufnahme und das Aufnahmegespräch alles zu erledigen ist, z. B.:

- Vertragsunterlagen unterzeichnen
- Übersicht der Jahrestermine weitergeben
- U-Heft und Impfpass von den Eltern mitbringen lassen und kopieren
- Information zum Thema Krankheit weitergeben
- evtl. Elternmappe vorbereiten (s. Baustein D, S. 39)
- Fragebögen zum Kind bezüglich der Eingewöhnung ausfüllen (s. Baustein K, S. 57)
- Termine für die Schnuppertage und den Beginn der Eingewöhnung vereinbaren
- Kita-ABC: Viele Kitas haben allgemeine Informationen zusammengefasst, wobei die Themen dem Alphabet zugeordnet sind, z. B. „A wie Anmeldung". Wenn Sie so etwas oder etwas Ähnliches auch in Ihrer Einrichtung nutzen, können Sie es gern an die Eltern verteilen.
- Infos zum Datenschutz weitergeben
- ...

Fragen

- Wer führt das Aufnahmegespräch?
- Welche Daten nehmen wir auf? Oder: Sind alle Daten, die wir aufnehmen, sinnvoll? Brauchen wir mehr oder weniger?
- Mit welchen Bausteinen können wir das Aufnahmegespräch verbinden, um Zeit zu sparen?

Auf S. 36 finden Sie eine Checkliste, mit der Sie sich auf das Gespräch vorbereiten können.

Checkliste Gesprächsführung

Vorbereitung

- → Raum lüften (im Winter evtl. im Anschluss heizen)
- → Getränke bereitstellen
- → benötigte Kopien und Unterlagen bereitlegen:

  ....

  ....

- → Stifte und Papier bereitlegen
- → etwas Spielzeug (dem Alter des Kindes entsprechend) bereitstellen
- → evtl. einen kleinen Teppich und/oder einen Hochstuhl, sodass das Kind am Tisch und/oder auf dem Boden spielen kann
- → ....
- → ....

Gespräch

- → Begrüßung
- → Rundgang (falls die Eltern noch keine Besichtigung hatten)
- → Austausch über die Eingewöhnung
- → Unterlagen bearbeiten/ausfüllen:

  ....

  ....

- → evtl. Informationen/Kopien aushändigen:

  ....

  ....

- → offene Fragen klären
- → ggf. nächste Termine vereinbaren (z. B. zum Schnuppern/erster Eingewöhnungstag ...)
- → Verabschiedung
- → ....

Sonstiges

- → ....
- → ....

Notizen/weitere Fragen:

....

....

BAUSTEIN D:
Informationen für die Eltern

Die Eltern haben, vor allem beim ersten Kind, viele offene Fragen. Sie benötigen **Informationen**. Damit sie nicht davon „erschlagen" werden, ist es sinnvoll, alles in Häppchen zu gliedern.
Arbeiten Sie von außen nach innen wie bei einer Zwiebel. Erst kommen alle äußerlichen Belange (z. B. Einrichtung vorstellen, wichtigste Eckpunkte der Konzeption und Gründe für eine Eingewöhnung sowie deren Dauer erläutern), dann arbeiten Sie sich immer weiter nach innen (z. B. genauer Ablauf der Eingewöhnung, Rolle der Eltern währenddessen) vor.

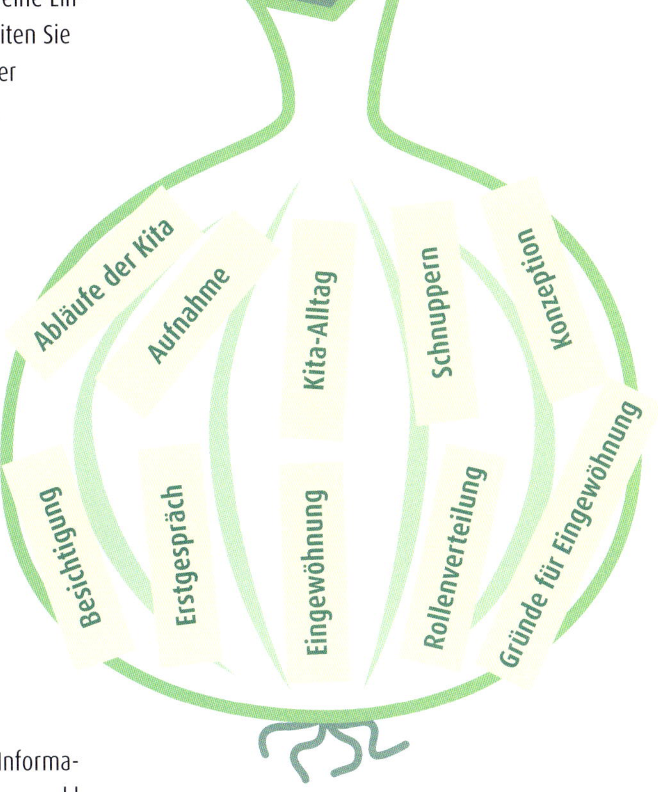

Einige Eltern empfinden es als hilfreich, wenn ihnen Informationen **schriftlich** zur Verfügung stehen. Ist ihnen etwas unklar, haben sie die Möglichkeit, zu Hause in Ruhe nachzulesen. Auch Eltern, die die deutsche Sprache kaum oder nicht beherrschen, sind dankbar, wenn sie etwas haben, das sie mitnehmen und sich übersetzen lassen können.

Die Inhalte sollten dazu **übersichtlich aufbereitet** sein. Achten Sie darauf, dass Ihre Texte folgende Eigenschaften beinhalten:

- ➜ kurz, einfach, verständlich
- ➜ aufgelockert mit Absätzen und Überschriften
- ➜ visualisiert mit Bildern/Grafiken/Tabellen ...

Setzen Sie nicht voraus, dass die Eltern alles gründlich gelesen und verstanden haben. Manches wird erst im Alltag und der konkreten Umsetzung verständlich. Einige Inhalte müssen mehrmals und auf unterschiedlichen Sinneskanälen in unser Gehirn gelangen, ehe wir sie verstehen.

Eine gute Möglichkeit, alle Informationen **übersichtlich** für die Eltern zusammenzustellen, ist die Elternmappe (s. S. 38). Gehen Sie jedoch nicht automatisch davon aus, dass alle Eltern sich im Vorfeld gleich intensiv mit deren Inhalten auseinandersetzen und diese verstehen bzw. verinnerlichen. Für viele ändert sich mit der Eingewöhnung der Tagesablauf. Entsprechend rücksichtsvoll sollten Sie in den ersten Tagen und Wochen die Inhalte in konkreten Situationen ggf. noch mal wiederholen und verdeutlichen.

Wie die Elternmappe gefüllt und aufbereitet wird, hängt von Ihrem Eingewöhnungskonzept und -modell ab.
Das folgende Beispiel soll Ihnen lediglich eine Orientierung bieten und Sie dabei unterstützen, Ihre eigene Elternmappe im Team zu erstellen.

BAUSTEIN D: Informationen für die Eltern

Natürlich funktioniert die Eingewöhnung auch ohne Mappe. Der Vorteil ist jedoch, dass Sie so alle Informationen gebündelt haben. Für den Fall, dass die Eltern ihre Mappe einmal vergessen haben, halten Sie eine Kopie in Ihrer Gruppe bereit.

Mögliche Inhalte für eine Elternmappe:

- → Begrüßungsschreiben
- → kurze Erklärung, warum die Eingewöhnungszeit wichtig ist
- → Ablauf der Eingewöhnung
- → die Rolle der Eltern in der Eingewöhnung
- → Eingewöhnungstabelle oder -übersicht (z. B. Kopiervorlage S. 56)
- → eine Übersicht mit Terminen zur Eingewöhnung
- → Tipps, wie Eltern das Kind während der Eingewöhnung unterstützen können
- → was Sie sich für die Zusammenarbeit wünschen
- → Informationen zur Kita und deren Tagesablauf (z. B. eine typische Wochenübersicht, ein typischer Tagesablauf, Ernährung in der Kita, eine Übersicht, was Sie tun können, wenn das Kind krank wird, Informationen zum Wickeln ...)
- → Checkliste mit Dingen, die das Kind in der Kita braucht
- → ...

TIPP

Eine gute Möglichkeit, um vielen Eltern gleichzeitig Informationen zu vermitteln, ist auch ein Elternabend, zu dem Sie einladen können.

Fragen

- Welche Informationen, Übersichten und Papiere geben wir den Eltern während der Eingewöhnung mit auf den Weg?
- Wollen wir eine Elternmappe gestalten?
- Wenn ja, wie gestalten wir sie? (A4/A5? Schwarz-weiß/bunt? Gebunden/im Hefter? Wie sieht das Deckblatt aus? ...)
- Können wir die Informationen in anderen Sprachen zur Verfügung stellen? Wenn ja, in welchen, und wer übernimmt die Übersetzung?

In der Kopiervorlage auf S. 39 finden Sie eine Checkliste, die Sie an alle wichtigen Informationen für die Eltern erinnert. Sie kann Sie auch im weiteren Verlauf der Eingewöhnung begleiten, damit Sie nichts vergessen.

Checkliste zur Elternarbeit

Gruppe: ....

Familienname										
Familie hat die Kita gesehen und die Zusage erhalten (S. 30)										
Eltern haben den Vertrag unterzeichnet (S. 35)										
Willkommensgeschenk ist vorbereitet (S. 63)										
Plätze des Kindes sind eingerichtet (z. B. Wickelfach, Garderobenfach ...) (S. 75)										
Fragebogen ist ausgefüllt (S. 59 ff.)										
Brief von Kindern geschrieben (S. 49)										
Schnuppertermine sind festgelegt (S. 41/42, 45)										
„Nestverhalten" wurde erklärt (S: 78)										
Eingewöhnungsmodell wurde erklärt (S. 12ff., 56)										
Termine zur Eingewöhnung sind festgelegt (S. 41/42, 45)										
Kind hat alles, was es in der Kita braucht (Wechselwäsche, Matschsachen ...)										
Eltern haben Beobachtungen ausgefüllt (S. 89, 97)										
Reflexionsgespräch zur Eingewöhnung wurde geführt (S. 96/97)										

(Nicht benötigte Zeilen streichen)

BAUSTEIN E:
Planen

Ein Plan bedeutet nicht, dass alles feststeht und genau so durchgeführt werden muss. Ein Plan dient als Muster, dem Sie folgen und von dem Sie abweichen können, wenn die Situation es verlangt. Die Planung hilft, Stolpersteine zu vermeiden, gibt einen groben Überblick, und verschafft Ihnen die Möglichkeit, in schwierigen Situationen schnell zu handeln. Sie sind besser gewappnet und können bereits beim Planen erkennen, wo es Engpässe geben kann, z. B. aufgrund von Personalmangel. Des Weiteren hilft eine gute Planung Ihnen später bei der **Reflexion**. Es ist einfacher, die Abweichungen in einem bereits gemachten Plan zu erkennen, als ohne Plan zu arbeiten. Ohne Plan müssen Sie „blind" reflektieren. Mit Plan wissen Sie, was beim nächsten Mal geändert und welche Punkte angepasst werden müssen. Sie behalten die Kontrolle und Führung und können gleichzeitig Transparenz schaffen. Nehmen Sie sich die Zeit, Ihre Ideen schriftlich festzuhalten. Aufgeschriebene Pläne entfalten ihre Wirkung am besten.

Im Buch finden Sie verschiedene Planungshilfen (z. B. Checklisten und Tabellen). Darüber hinaus ist es notwendig, die Eingewöhnung als Ganzes zu organisieren. Dazu zwei Vorschläge:

1. Machen Sie eine Jahresplanung. Nutzen Sie dazu die Kopiervorlage. Überlegen Sie sich, welche Schritte und damit verbundenen Aufgaben und Aktivitäten zum Eingewöhnungsprozess in der Einrichtung gehören. Verteilen Sie diese sinnvoll im Jahresplan, s. Kopiervorlage S. 41. Verwenden Sie Farben und Symbole um beispielsweise Verantwortlichkeiten sichtbar zu machen.
   Entwickeln Sie einen Standardplan, den Sie an das aktuelle Jahr anpassen.

2. Verschaffen Sie sich einen Überblick über Ihre Gruppensituation während der Eingewöhnung. Planen Sie so, dass sich nicht zu viele Eingewöhnungstermine überschneiden. Um jedem Kind eine sanfte Eingewöhnung zu ermöglichen, ist es ratsam, nicht mehr als zwei Kinder gleichzeitig einzugewöhnen. Dazu muss jede Eingewöhnung gut geplant werden. Eine Kopiervorlage finden Sie im Anschluss (S. 42). Kopieren Sie den Plan mindestens für ein Vierteljahr, also dreimal, bei Bedarf und einer längeren Eingewöhnungszeit für entsprechend mehr Monate.

Fragen

- In welchen Punkten findet bei uns bereits eine Planung statt?
- Können wir diese Planungen verbessern, optimieren und/oder ausweiten?
- Was sollten wir unbedingt in Zukunft planen?
- Wie kann Planung die Eingewöhnungsphase erleichtern?

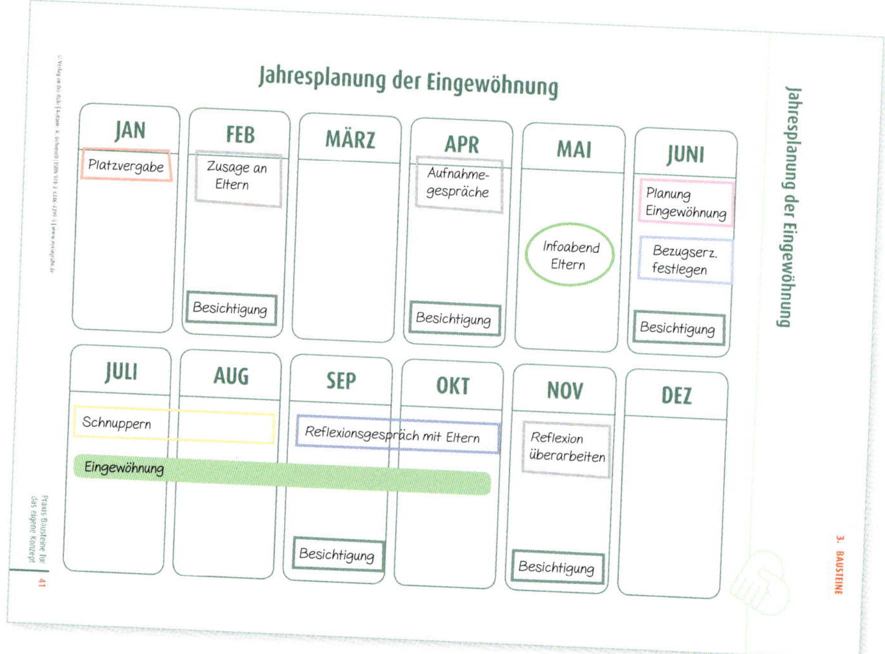

Jahresplanung der Eingewöhnung

Jahresplanung der Eingewöhnung

JAN	
FEB	
MÄRZ	
APR	
MAI	
JUNI	
JULI	
AUG	
SEP	
OKT	
NOV	
DEZ	

Monat

MONTAG	DIENSTAG	MITTWOCH	DONNERSTAG	FREITAG	SAMSTAG	SONNTAG
☐	☐	☐	☐	☐	☐	☐
☐	☐	☐	☐	☐	☐	☐
☐	☐	☐	☐	☐	☐	☐
☐	☐	☐	☐	☐	☐	☐
☐	☐	☐	☐	☐	☐	☐

Zeichenerklärung:

- Ⓢ = Schnuppern
- → = Start Eingewöhnung
- × = 1. Trennungsversuch
- —— = Eingewöhnung
- ………… = verlängerte Eingewöhnung
- **9:00** = Uhrzeit, wann das Kind kommt *(hier tragen Sie jede Uhrzeit individuell ein)*
- = ……………………………………

Kinder-Farbzuordnung:

○ ……………… ○ ……………… ○ ………………
○ ……………… ○ ……………… ○ ………………
○ ……………… ○ ……………… ○ ………………
○ ……………… ○ ……………… ○ ………………
○ ……………… ○ ……………… ○ ………………

BAUSTEIN F:
Bezugserzieher*in und Team

Aufgabenverteilung im Team

Eine **klare Aufgabenverteilung** im Team ist besonders für die sensible Phase der Eingewöhnung ein entscheidender Hebel. Wenn alle wissen, was sie zu tun haben, dann werden alle anfallenden Aufgaben erledigt und nichts und niemand kommt zu kurz. Sie arbeiten im Team, um sich gegenseitig zu **unterstützen**. Klären Sie bereits vor Beginn der Eingewöhnung, wer welche Aufgaben übernimmt, dann müssen Sie dies nicht während der Eingewöhnung besprechen. Außerdem kann sich jedes Teammitglied vollständig seinem Bereich widmen und diesen vorbereiten.

Generell ist es sinnvoll, die Aufgaben in der Kindergruppe auf zwei Verantwortliche zu verteilen. Eine Person (= Bezugserzieher*in) kümmert sich um das Eingewöhnungskind und dessen Eltern. Für jede Familie kann eine andere Fachkraft als Bezugsperson zur Verfügung stehen, da die Eingewöhnungen nicht gleichzeitig durchgeführt werden. Die andere Person bzw. der Rest des Teams ist verantwortlich für die bestehende Gruppe, deren Eltern und das Gruppengeschehen. Sie bieten damit beiden Seiten ungeteilte Aufmerksamkeit und körperliche Präsenz.

Bezugserzieher*in

Der*die Bezugserzieher*in ist das **Bindeglied** zwischen Einrichtung und Familie. Die Beziehungsgestaltung zwischen Pädagog*innen und Kind nimmt als Qualitätsmerkmal eine vorrangige Stellung ein.
Besteht eine tragfähige Bindungsbeziehung zwischen Kind und Fachkraft, kann sich das Kind aus diesem Vertrauen heraus entfalten, entwickeln und neugierig seinen Bildungsthemen nachgehen.

Eine Eingewöhnung erfordert viel **Aufmerksamkeit**. Diese Aufmerksamkeit ist nur zu leisten, wenn ein*e Erzieher*in sich komplett der Eingewöhnung widmet.
Es kann nicht oft genug betont werden, wie bedeutsam die Rolle des*der Bezugserzieher*in für den Eingewöhnungsprozess ist. Das bietet folgende Vorteile:

- ➜ Die Eltern und das Kind haben eine*n verlässliche*n Ansprechpartner*in.
- ➜ Alle Fäden und Informationen laufen bei einer Person zusammen, sodass im Verlauf der Eingewöhnung Informationen nicht untergehen.
- ➜ Die Eingewöhnung fällt leichter, da sich die Familie zunächst nur an eine Person gewöhnen muss. Außerdem gibt dies Sicherheit und eine Vertrauensbeziehung kann schneller aufgebaut werden.

- Aufgrund der Bindungsbeziehung ist es für die meisten Kinder äußerst wichtig, eine feste Bezugsperson zu haben.
- Die Bezugsfachkraft hat einen guten Überblick über den Ablauf der Eingewöhnung. Durch den intensiven Kontakt kann sie angemessen reagieren und den Eingewöhnungsverlauf individuell steuern.
- Eine feste Bezugsfachkraft entlastet das Gruppengeschehen.

Oft wird das Argument vorgebracht, dass ein Ausfallen der Bezugsperson die Eingewöhnung behindert. Das ist wahr und für diesen Fall sollte vorgesorgt werden. Allerdings rechtfertigt es nicht den generellen Verzicht auf ein Bezugserziehersystem. Ein anderes Argument, das verwendet wird, meint, dass das Kind möglicherweise gar keine Bindung zur Bezugsfachkraft aufbaut oder eine andere Fachkraft bevorzugen könnte. In diesem Fall kann eine andere Fachkraft als Bezugserzieher*in benannt werden (weitere Tipps dazu im Sonderkapitel Personalmangel S. 104).
Der*die Bezugserzieher*in ist in erster Linie dafür da, dass das Kind und die Eltern sich wohlfühlen, und eine verlässliche Beziehung zu ihnen aufzubauen. Ihre Hauptaufgabe ist, **Sicherheit und Vertrauen** zu vermitteln.
Es muss nicht zwingend die Gruppenleitung sein. Je nach Anzahl der einzugewöhnenden Kinder und Gruppensituation können die Eingewöhnungskinder untereinander im Team verteilt werden.

Das Team

Die anderen Fachkräfte des Teams haben vor allem die Aufgabe, sich um die bereits bestehende Gruppe zu kümmern. Beziehen Sie an dieser Stelle auch Praktikant*innen und sonstige Unterstützung (z. B. Lesepat*innen) mit ein.
Auch die bestehende Elternschaft will in dieser Zeit weiterhin wahr- und ernst genommen werden. Sie benötigt ebenfalls wie immer verlässliche Ansprechpartner*innen. Ist jemand da, der sich um ihre Anliegen kümmert, können Probleme, Ängste und Ärgernisse aus der Welt geschafft werden, die sonst womöglich in der Eingewöhnung untergehen und ihre Atmosphäre stören. Außerdem wird der*die Bezugserzieher*in nicht aus der Eingewöhnung gerissen.

Wenn die Verantwortungsbereiche klar aufgeteilt sind, ist an alle gedacht und für alle gesorgt.

Fragen

- Wer kommt als Bezugserzieher*in infrage?
- Welche*r Bezugserzieher*in gewöhnt welche neuen Kinder ein?
- Wie stellen wir sicher, dass alle gesehen und bedient werden?

Die Tabelle auf S. 45 unterstützt Sie, die jeweiligen Bezugserzieher*innen für die neuen Kinder festzulegen.

Aufteilung der Bezugserzieher*innen

Gruppe: ....

Name des Kindes	**Bezugserzieher*in:**	**Geplantes Ende der Eingewöhnung:** (z. B. Arbeitsbeginn der Eltern)	**Start der Eingewöhnung:** (mind. 4, besser 6–8 Wochen vor dem geplanten Ende der Eingewöhnung)	**Sonstige Termine:** (Anmeldegespräch/Erstgespräch/Schnuppern ...)

NOTIZEN: ....

....

....

BAUSTEIN G:

Der Raum

Die Reggio-Pädagogik prägte den Begriff „der Raum als dritter Erzieher". Im Münchener Eingewöhnungsmodell spielt die Raumgestaltung eine entscheidende Rolle.
Es gibt Kinder (auch wenn es die Ausnahme ist), die sich über den Raum und die vorhandenen Spielmaterialien eingewöhnen. Wenn Sie Räume bewusst gestalten, dann hilft das Kindern und Eltern, sich wohlzufühlen. Vorbereitete Räume laden ein, geben Orientierung und heißen willkommen. Die räumliche Umgebung beeinflusst die Eingewöhnung.

Denken Sie bei der Raumgestaltung an Autonomie und Bindung. Der Raum sollte so gestaltet sein, dass die Kinder sich frei und selbstständig darin bewegen können und es interessantes Material zum Entdecken gibt. Das fördert ihren Explorationsdrang. Gleichzeitig sollten Sie Rückzugsmöglichkeiten anbieten und Orte, die Sicherheit geben, z. B. Kuschelecken oder Höhlen.

Überlegen Sie ebenso, wo sich Eltern aufhalten können, und gestalten Sie diese Bereiche einladend und übersichtlich.

Fallbeispiel

Hisham (2,6 Jahre) liebt Autos. In der Gruppe steht auf dem Autoteppich eine Kiste mit Autos in den verschiedensten Ausführungen. Jeden Morgen läuft Hisham direkt zum Autoteppich. In den ersten Tagen zieht er seine Mama noch mit. Am dritten Tag läuft er bereits allein dorthin. Wenn seine Mutter ihm mitteilt, dass sie nun gehen müssen, reagiert er mit Ärger und sagt deutlich „Nein, Autos spielen". Die Bezugserzieherin versucht, über das Spiel mit den Autos Kontakt zu Hisham herzustellen. Doch Hisham zeigt wenig bis kein Interesse an ihren Kontaktversuchen. Verlässt ihn seine Mutter für die Trennungszeit, tröstet er sich mit dem Autospielen. Seine Mutter holt ihn bei den Autos ab. Nach einigen Tagen fängt Hisham an, sich gegenüber der Bezugserzieherin zu öffnen, die bisher mit ihren Spielangeboten keinen Erfolg hatte. Die Drei- und Treträder locken ihn schließlich auch ins Außengelände und ohne Vorankündigung nimmt Hisham die Eingewöhnungsbemühungen an. Manchmal weint er anfangs kurz, wenn seine Mutter geht, ist jedoch schnell mit den Autos beschäftigt.

Fragen

- Wie wollen wir den Raum gestalten?
- Wie können wir neue und ältere Kinder berücksichtigen?
- Welche Materialien sortieren wir für den Anfang aus?
- Welche Materialien können allen Altersgruppen dienen?
- Welche Materialien stellen wir bevorzugt den neuen Kindern zur Verfügung?
- Gibt es für die Kinder Rückzugsmöglichkeiten?
- Wie ermöglichen wir den Kindern freies und selbstständiges Explorieren?

Eine Liste von Tipps rund um die Raumgestaltung ist für Sie auf der folgenden Seite zusammengestellt.

BAUSTEIN G: Der Raum

Tipps für die Raumgestaltung

Gruppenraum

1. **Raumgestaltung:** Machen Sie sich vorher Gedanken darüber, wie der Raum während der Eingewöhnung aussehen soll. Da sich die Eingewöhnungskinder meist vorwiegend im Hauptraum aufhalten, sollte dieser auch dementsprechend genutzt werden. Verwenden Sie offene Regale und viel Fläche mit Teppichen zum Spielen auf dem Boden. Seien Sie sparsam mit Tischen und Stühlen, die vor allem jüngere Kinder weniger benötigen.
2. **Spielmaterialien:** Wenn Sie Kinder unter drei Jahren eingewöhnen, empfiehlt es sich, Spielmaterialien mit Kleinteilen in obere Regale zu räumen, z. B. Gesellschaftsspiele, Papppuzzle, Hämmerchen- und Steckspiele ...
3. **Exploration unterstützen:** Stellen Sie Materialien bereit, die spannend für das Kind sein könnten. Vor allem Materialien, die zu Hause nicht zu finden sind, können die Aufmerksamkeit des Kindes erregen, z. B. Orff-Instrumente, Magnetspiele, Naturmaterialien. Aber auch Bekanntes, wie z. B. große Bausteine, Autos und Puppen.
4. **Lieber wenig Spielmaterial, dafür klar strukturiert:** Achten Sie darauf, dass der Hauptraum ruhig, klar und spielzeugarm gestaltet ist. Zu viele neue Materialien und Möglichkeiten können das Kind überfordern.
5. **Alle Kinder im Blick:** Vergessen Sie auch die älteren Kinder nicht. Ein Nebenraum oder der Flur sind gute Orte, die Sie mit Lieblingsspielzeugen der älteren Kinder ausstatten können.
6. **Raum unverändert lassen:** Stellen Sie die ersten Wochen den Raum nicht um. Eine veränderte Raumsituation kann neue Kinder verunsichern. Wägen Sie gut ab, falls eine Umstellung nötig ist.

Elternraum/-ecke

Nicht in jeder Kita ist es möglich, einen Bereich für die Eltern einzurichten. Überlegen Sie für diesen Fall, wo sich Eltern während der Trennungsphasen aufhalten können (z. B. Personalraum, Büro ...). Der Elternbereich sollte nach Möglichkeit hell sein und Möbel für Erwachsene bieten. Dekorieren Sie den Raum, stellen Sie Getränke bereit und legen Sie ausgewählte Zeitschriften und Flyer aus, die regelmäßig aktualisiert werden.

TIPP 

**Gestalten Sie ein Buch von Eltern für Eltern, z. B. wie ein Gästebuch in einem Hotel.
Dazu nehmen Sie ein leeres Notizbuch, in das die Eltern Erlebnisberichte aus der Kita, Lob oder Erzählungen ihrer Kinder eintragen können. Andere Eltern können dann darin stöbern.**

BAUSTEIN H:

Die Kindergruppe einbeziehen

Kinder vertrauen Kindern schneller

Das Münchener Modell unterscheidet sich an dieser Stelle wesentlich vom Berliner Modell. Es betrachtet die anderen Kinder als Ressourcen, die dem neuen Kind helfen, den Übergang zu bewältigen. Wir Erwachsenen, selbst wenn wir uns hinunterbeugen, kommen doch immer von einer höheren Ebene zu ihnen hinunter. Kinder begegnen Kindern immer auf einer ihnen entsprechenden Ebene. Machen Sie sich diesen Umstand zunutze. Die Eingewöhnung kann dadurch unterstützt werden. Dem Kind fällt es leichter, Kindern zu vertrauen, und es kann dies auf die Erzieher*innen übertragen. Vertrauen ist immer ein Punkt, der die Eingewöhnung voranbringt. **Gleichzeitig fördern Sie dadurch das Gemeinschaftsgefühl und die Identifikation mit der Gruppe.**

Natürlich müssen die älteren Kinder das wollen und werden weder überredet noch gezwungen. Aber in den meisten Fällen freuen sich die Kinder über diese **besondere Rolle**.

Patenschaften

Patenschaften sind eine wunderbare Möglichkeit, die **Vorschulkinder einzubeziehen**. Die ältesten Kinder fungieren als Pat*innen und begleiten jeweils eines der neuen Kinder. Sie können z. B. mit ihm spielen, es morgens immer gleich begrüßen und zum Abschied besonders verabschieden. Es kann ihm beim An- und Ausziehen helfen, wenn die Kinder nach draußen gehen. Es kann ihm sein Kuscheltier bringen oder das Fläschchen reichen. Nehmen Sie das Patenkind z. B. mit auf den Rundgang und lassen Sie es ebenfalls Dinge im Kindergarten zeigen.

Die Gruppe im Blick

Die Gruppe spiegelt den neuen Kindern, wie es ihnen in der Gruppe gehen wird.
Beginnen Sie bereits ein paar Wochen vor der Eingewöhnung, mit den Kindern darüber zu sprechen, dass neue Kinder kommen werden (oder vor der Schließzeit, falls Sie eine haben). Einige Kinder werden sich noch an die Eingewöhnungszeit des vergangenen Jahres erinnern und können davon berichten. Beteiligen Sie die Kinder am Prozess der Eingewöhnung.

Möglichkeiten, die Kinder einzubeziehen:

- Geben Sie die Namen der neuen Kinder bekannt und zeigen Sie evtl. Fotos.
- Erklären Sie den Kindern, was eine Eingewöhnung ist und warum diese so wichtig ist.
- Fragen Sie die Kinder, ob sie sich noch an ihre Eingewöhnung erinnern können.
- Überlegen Sie mit den Kindern, wie sie es den Eingewöhnungskindern leichter machen können und worauf die Kinder achten sollten.
- Basteln Sie gemeinsam Willkommensgeschenke (s. a. Baustein L, S. 63).

BAUSTEIN H: Die Kindergruppe einbeziehen

- Sie können die Kinder auch bei der **Raumgestaltung** mit einbeziehen. Lassen Sie von den größeren Kindern beispielsweise die Spielmaterialien für die Eingewöhnungskinder auswählen, die in die unteren Regalfächer kommen. Dadurch geben Sie ihnen das Gefühl, beteiligt zu sein. (s. Baustein G, S. 46)
- Eine weitere Idee ist es, mit den Kindern einen Willkommensbrief an die neuen Kinder zu schreiben.[14] Die Kinder diktieren, Sie schreiben auf. Dabei kann es helfen, wenn Sie den Kindern Fragen stellen. Ebenfalls kann es den Kindern helfen, wenn Sie Sätze beginnen und sie die Lücken füllen können. (Auf S. 50 finden Sie eine Kopiervorlage dazu.)

Fragen

Fragen an die Kinder für einen Willkommensbrief:

- Wie wollen wir das neue Kind begrüßen?
- Was wollen wir ihm von unserer Gruppe erzählen?
- Was erzählen wir über die Eingewöhnung?
- Wie machen wir dem neuen Kind Mut?
- Wie wollen wir uns verabschieden?

Hallo Amir,
herzlich Willkommen, wir sind die Pinguine. Aber Pinguinkinder. Denn in echt sind wir Kinder und keine Pinguine. Nur unsere Gruppe heißt Pinguingruppe. Wenn du in unsere Gruppe kommst, dann bist du auch ein Pinguin. Du wirst dich freuen, weil du dann Kinder zum Spielen hast.
Bei uns im Kindergarten ist immer was los. Die Erzieherinnen passen auf uns auf.
Du kannst hier bleiben und viel machen: Autos spielen, in der Puppenecke mit den Puppen spielen, malen und im Sand buddeln.
Wir freuen uns, wenn du kommst! Deine Pinguine

Gleichzeitig ist es wichtig, dass die „alten" Kinder während der Eingewöhnung eine*n Ansprechpartner*in haben. Während der*die Bezugserzieher*in sich um die Eingewöhnung kümmert, sollten die anderen Fachkräfte ganz für die bereits bestehende Gruppe da sein. Stellen Sie ihnen besondere Materialien bereit, mit denen sie experimentieren können, unternehmen Sie einen kleinen Ausflug für die Zeit, wenn die Eingewöhnungskinder am Nachmittag bereits weg sind oder machen sie etwas Besonderes im Kindergarten, wie z. B. ein Picknick im Garten.

Fallbeispiel

Lars und Tim sind zwei Vorschulkinder und schon lange keine Babys mehr. Sie bauen die coolsten Dinge, können am schnellsten rennen und wissen alles. Als ihnen von den neuen Kindern erzählt wird, überlegen sie eifrig, was die jüngeren wohl brauchen können. Sie stellen fest, dass jüngere Kinder nicht alle Alltagssituationen allein bewältigen können, und erklären sich bereit, die Patenschaft für jeweils ein neues Mädchen zu übernehmen. Die beiden großen Jungs kümmern sich rührend um die neuen Kleinen, bringen ihnen die Schnuller, trösten sie, wenn sie weinen, und helfen beim Anziehen.

Fragen

- Was fällt Ihnen zum Thema „Patenschaft" ein? Welche Aufgaben könnten Pat*innen übernehmen?
- Wie können Sie die Kinder auf die Eingewöhnung vorbereiten?
- Was können Sie tun, um die bereits bestehende Gruppe in der Eingewöhnungszeit nicht zu vernachlässigen? (Z. B. besondere Angebote/Projekte/Aufgaben.)

[14] Vielen Dank an Katrin Sauff, die ihre Idee für das Buch zur Verfügung gestellt hat.

Kindergruppe einbeziehen

Aufteilung der Patenkinder

Kinder lieben es, die Älteren zu sein und dementsprechend auch **Aufgaben zu übernehmen**. Überlegen Sie gemeinsam, welche Aufgaben Sie den älteren Kindern für die Zeit der Eingewöhnung geben können. Lassen Sie sich von den Ideen und Gedanken der Kinder überraschen.

Eingewöhnungskind	Patenkind

Mögliche Aufgaben für Paten

Lückentext

Nutzen Sie den Lückentext als Hilfe, wenn die Kinder dem neuen Kind einen persönlichen Brief schreiben:

Hallo ....,

wir sind die Kinder der .... Gruppe. Du kannst dich darauf freuen, zu uns zu kommen, denn hier .... In unserem Kindergarten gibt es .... und ....

Die Erzieherinnen und Erzieher ....

Gern möchten wir mit dir ....

Wir freuen uns auf dich.

Deine ....

BAUSTEIN I:
Rolle der Eltern

Wenn Sie eine gute Beziehung zum Kind aufbauen wollen, dann kommen Sie an den Eltern nicht vorbei. Die Eltern fungieren wie ein Wächter zum Herzen des Kindes. Alle seine Entscheidungen bemisst das Kind an seinen Eltern.
Wenn Sie das **Kind als Akteur seiner eigenen Entwicklung** verstehen, profitieren Sie von der Zusammenarbeit mit den Eltern. Gelungene Bildungsprozesse lassen sich auf eine gemeinsam übernommene Verantwortung zurückführen. Erziehungspartnerschaft ist mehr als ein Informationsaustausch über die Situation des Kindes. Es geht um einen **Dialog auf Augenhöhe**, eine Zusammenarbeit, die dem Gesamtwohl des Kindes dient.

Stellen Sie sich vor …

Sie sitzen mit den Eltern im gleichen Boot. Wenn jeder einfach in eine Richtung und einem unterschiedlichen Tempo lospaddelt, dann werden Sie nicht von der Stelle kommen. Überlegen Sie gemeinsam, wo Sie hinwollen, und beginnen Sie dann, im selben Rhythmus zu paddeln. Haben Sie Geduld, wenn dies nicht sofort gelingt, vielleicht müssen Sie sich besser abstimmen.

All Ihre Arbeit mit dem Kind wird sich dann auszahlen, wenn Sie eine partnerschaftliche Zusammenarbeit mit den Eltern anstreben. Nehmen Sie die Eltern, wie sie sind, heißen Sie sie willkommen, seien Sie für sie da.
Kinder spüren, wenn ihre Eltern sich Sorgen machen. Sie nehmen über die Atmosphäre, Stimmlage, Mimik und Gestik das Verhalten der Eltern wahr. Reagieren die Eltern aufgrund ihrer Sorgen abwehrend gegenüber der Einrichtung oder den Pädagog*innen, so spürt es das Kind. Die Ängste übertragen sich auf das Kind. Die Eltern wiederum spüren, dass es ihrem Kind nicht gut geht, und machen sich noch mehr Sorgen. Eine Abwärtsspirale beginnt. Darum widmen Sie sich den Eltern, ihren Sorgen und Ängsten.
Das Verhalten der Pädagog*innen wirkt sich maßgeblich auf die Eltern und Kinder gleichermaßen aus.
Sie haben es in der Hand, ob eine Erziehungspartnerschaft gelingt. Gehen Sie aktiv und freundlich auf die Eltern zu.

Elternpartnerschaft ist ein **lebendiger Prozess**, der Zeit zum Wachsen und Gedeihen braucht. Darum sind Erzieher*innen und Eltern keine Konkurrenten. Sie sind die Expert*innen in ihrer speziellen Verantwortung für das Kind.[15]
Die Erzieherin trägt die Verantwortung für die Kita und die Gruppe, Bildungsangebote, Entwicklungsdokumentation, entsprechende Förderangebote und das Explorationsverhalten des Kindes. Die Eltern hingegen haben die Verantwortung für das Kind selbst, es zu schützen und zu versorgen und ihm Zuwendung, Sicherheit, und Selbstwertempfinden zu vermitteln.
Beide Bereiche können sich überschneiden. Doch Alltag in der Kita ist anders als in der Familie. Selbst wenn die Kinder den ganzen Tag in der Einrichtung verbringen, können Sie als Erzieher*in die Bedürfnisse des Kindes nicht so ausfüllen wie die Eltern. Auch die Bindung zu den Eltern ist immer stärker als zu Ihnen. Sie sind die Einrichtung, die es besucht, zu Hause lebt das Kind. Die Kita ergänzt diesen Lebensraum. Kinder werden

[15] Vgl. Ahnert; Gappa 2008, S. 91.

sich in erster Linie zu Hause die benötigte Rundumversorgung holen, die sie brauchen. Irgendwann verlassen die Kinder den Kindergarten, ihr Zuhause bleibt aber bestehen. Eltern sind und bleiben die Expert*innen für ihre Kinder. Dafür bringen Sie als Fachkraft die nötige Objektivität ein, da sie emotional nicht so intensiv an die Kinder gebunden sind und über das fachliche Wissen zu kindlicher Entwicklung und Bildung verfügen. So hat im Zusammenspiel jeder seine Rolle, Aufgaben und Verantwortungen.

Treten Sie sicher auf und zeigen Sie Ihre fachliche Kompetenz einfühlsam, ohne zu belehren. Nehmen Sie die Ängste und Sorgen der Eltern ernst, auch wenn Sie sie nicht immer nachvollziehen können. Wenn Eltern das Gefühl haben, dass Sie eine verlässliche, authentische, fachlich kompetente Bezugsperson sind, die sich einfühlsam ihrer Sorgen annimmt, haben Sie viel gewonnen.

TIPP

Elternpatenschaft
Wenn es bei Ihnen ein Elternteil gibt, das vormittags während der Eingewöhnung Zeit hat, dann fragen Sie, ob es bereit ist, den Eltern als Pat*in für Fragen und Gespräche zur Verfügung zu stehen. Diese Person muss nicht täglich anwesend sein, kann aber die neuen Eltern bewusst begrüßen und auch ab und zu im Elternraum bzw. der Elternecke vorbeischauen und die Eltern nach ihrem Befinden fragen.

Fragen

- Was können wir tun, damit Eltern sich willkommen fühlen?
- Welchen Nutzen hat die Zusammenarbeit mit den Eltern?
- Was fällt schwer/leicht?
- Was bedeutet Erziehungspartnerschaft (Partizipation der Eltern) für uns?
- Was könnten sich die Eltern von uns wünschen?

BAUSTEIN J: Erstgespräch

Sie können das Erstgespräch mit anderen Bausteinen verbinden z. B. Baustein M (S. 65), Baustein C (S. 35) oder Baustein K (S. 57).

Das Erstgespräch findet im Idealfall zwischen der Familie (mind. ein Elternteil) und dem*der Bezugserzieher*in statt. Es verfolgt zwei Ziele: zum einen, die **Lebenssituation der Familie** zu erfragen, und zum anderen, die Eltern in den **Eingewöhnungsprozess** einzuführen. Seien Sie sich bewusst, dass viele Eltern nicht wissen, wie wichtig eine gelungene Eingewöhnung ist und welche Bedeutung sie für das Kind hat.

Nehmen Sie sich deshalb ausreichend Zeit, um den Eltern diese Wichtigkeit zu erklären, und seien Sie offen für Anregungen und Rückfragen.

Variante: Hausbesuch

In Deutschland werden Hausbesuche eher selten praktiziert. Sie lösen im ersten Moment möglicherweise ein unangenehmes Gefühl in den Eltern aus, da sie meist negativ assoziiert werden. Allerdings bietet so ein Besuch viele Vorteile:

- ➜ Sie können sich ein umfassenderes Bild vom Kind machen.
- ➜ Es stärkt die partnerschaftliche Ebene zu den Eltern.
- ➜ Es hat einen positiven Einfluss auf das Kind, wenn Sie es in seinem gewohnten Umfeld kennenlernen.
- ➜ Ein Gespräch wird intensiver, wenn es in den eigenen vier Wänden stattfindet.

Vor allem wenn die Eltern bald wieder arbeiten müssen, kann ein Hausbesuch zu einer schnelleren Eingewöhnung beitragen. Lassen Sie sich z. B. vom Kind sein Kinderzimmer zeigen und spielen Sie eine Zeit lang mit ihm.

Machen Sie sich bewusst, dass bei einem Hausbesuch Sie der Gast sind. Halten Sie vereinbarte Zeiten ein und zeigen Sie Respekt gegenüber der Lebensweise der Familie. Konzentrieren Sie sich beim Gespräch auf den Beziehungsaufbau. Bedanken Sie sich bei den Eltern und sagen Sie etwas Nettes, z. B. über die Wohnung. In einer positiven Grundstimmung können diese sich eher entspannen und öffnen.

Gerade bei Eltern mit einem anderen kulturellen Hintergrund kann ein Hausbesuch positiv Ihre partnerschaftliche Beziehung beeinflussen, denn in vielen Kulturkreisen hat Gastfreundschaft einen hohen Stellenwert. Denken Sie daran, dass es kulturbedingt andere Gepflogenheiten geben könnte, wie beispielsweise die Schuhe bereits vor der Tür auszuziehen. Im Zweifelsfall informieren Sie sich vorher oder fragen nach, wenn Sie unsicher sind. Wenn Sie den Hausbesuch als methodische Ergänzung nutzen wollen, bereiten Sie diesen ebenfalls vor. Geben Sie den Eltern die Möglichkeit, den Besuch abzulehnen, und führen Sie das Erstgespräch dann in der Einrichtung durch.

BAUSTEIN J: Erstgespräch

Gesprächsablauf

Bereiten Sie alles in Ruhe vor. Wählen Sie für das Gespräch einen **ruhigen Ort**, an dem es einen Tisch gibt. Nutzen Sie für das Gespräch die Checkliste aus dem Baustein C (S. 36). Zusätzlich zur Begrüßung und einem Rundgang (falls die Familie noch keinen gemacht hat), erklären Sie Ihr „Aushangsystem" und wo welche Informationen zu finden sind. Bieten Sie evtl. eine Führung durch die anderen Gruppen an. Stellen Sie Ihre Kolleg*innen vor.

In dem Gespräch sollte die gemeinsame Vorbereitung der Eingewöhnungszeit erarbeitet werden. Gut ist, wenn es einen Wechsel aus Informationen seitens der Bezugsfachkraft und Fragen an die Eltern gibt, sodass beide abwechselnd sprechen. Reden Sie mit den Eltern über den allgemeinen **Eingewöhnungsprozess**. Sie müssen nicht gleich zu Anfang jedes Detail erklären.

Folgende Inhalte können relevant sein:
- → Gründe für eine sanfte Eingewöhnung
- → die Phasen der Eingewöhnung
- → die ersten Tage der Eingewöhnung
- → Rahmenbedingungen für die Eingewöhnung
- → Terminabsprachen

Auch wenn Sie einige Inhalte bereits an anderer Stelle erwähnt oder erklärt haben, wiederholen Sie sich ruhig. Für die Eltern ist alles neu und manches müssen Sie öfter hören oder zum richtigen Zeitpunkt, um es zu verstehen.
Klären Sie mit den Eltern die **Details** der Eingewöhnung und deren **Verlauf**. Besprechen Sie vor allem die **Aufgabenverteilung** während der Eingewöhnung. Stellen Sie ebenfalls sicher, dass die Eltern alles verstehen. Fragen Sie zwischendurch nach, ob noch Fragen offen sind.

Eine passende Analogie zur Eingewöhnungssituation ist die der Adlerküken: Die Eltern versorgen zu Beginn ihr Küken im Nest und polstern dieses regelmäßig mit neuem Gras aus, damit es sauber bleibt. Adler gehören zu den Nesthockern, d. h., sie bleiben im Nest, bis sie fliegen können. Erst nach drei Wochen wird das Küken für kurze Zeit allein im Nest gelassen, ansonsten ist immer ein Elternteil bei ihm, um es zu beschützen, während der andere auf der Jagd ist. In dieser Zeit trainiert das Küken bereits seine Flugmuskeln. Noch im Nest schlägt es dazu mehrmals mit den Flügeln. Nach einiger Zeit traut sich das Kleine auf den Rand des Nestes. Noch etwas unbeholfen verlässt das Adlerjunge zum ersten Mal das Nest. Spielerisch lernt es, zu greifen, loszulassen und die verschiedenen Flugarten. Gibt es zwei Jungen, so fliegen diese zusammen aus und entdecken gemeinsam ihre Umgebung und suchen nach Nahrung. Dabei werden sie, wenn auch aus einiger Entfernung, immer noch von ihren Eltern bewacht, welche im Notfall die Kleinen verteidigen, z. B. bei einem Fuchsangriff. Mit der Zeit verstecken sich die Altvögel beim Beobachten vor ihren Jungen, damit diese sie nicht um Fressen anbetteln. Die Jungtiere lernen so, für sich selbst zu sorgen. Ihr Nest nutzen die Jungen noch monatelang als Rückzugsort, besonders in Stresssituationen können sie sich hier ausruhen oder in Ruhe fressen. Dann sieht man sie immer seltener im Familienverband.[16]

Mithilfe dieser Analogie können Sie den Eltern ihre Aufgabe in der Eingewöhnung verdeutlichen. Nutzen Sie dazu auch die Kopiervorlage von S. 56.
Wenn Ihrerseits und seitens der Eltern keine Fragen mehr bestehen, können Sie das Gespräch beenden.

Aktives Zuhören und Fragen

Aktives Zuhören ist ein wichtiges Kommunikationsmittel. Es braucht eine **Haltung**, die sich erlernen und verbessern lässt. Dazu gehört z. B.:
- → das Gegenüber zum Erzählen zu ermutigen
- → weitestgehend die eigene Meinung zurückzuhalten
- → Körperhaltung, Mimik und Gestik offen und respektvoll zu gestalten
- → mit den Gedanken nicht abzuwandern
- → nachzufragen, wenn etwas unklar ist
- → mit kleinen Bestätigungen zu zeigen, dass man den Erzählungen folgt
- → Vorwürfe und Kritik gelassen hinzunehmen
- → sich in die Situation des anderen einzufühlen

Viele Eltern erzählen gern von sich und ihrem Kind, nutzen Sie das. Die richtigen Fragen können Sie zu wichtigen Erkenntnissen führen und das hilft Ihnen dabei, in der Eingewöhnung **individuelle Entscheidungen** zu treffen. Darum nutzen Sie Fragen, um ins Gespräch zu kommen. Vor allem **offene Fragen**, auf die man nicht nur mit Ja oder Nein antworten kann, eignen sich. Machen Sie sich während des Gesprächs Notizen. Besonders in schwieri-

[16] Vgl. Brodowski 2020.

BAUSTEIN J: Erstgespräch

gen Eingewöhnungssituationen können diese eine wichtige Hilfe sein. Das Gespräch hilft Eltern, Ängste und Sorgen anzusprechen. Kinder spüren, wenn ihre Eltern sich Sorgen machen, und übernehmen diese ganz von selbst, völlig unbewusst. Deshalb ist es so wichtig, dass Eltern über ihre Sorgen sprechen können. In einem echten Dialog geht es um mehr, als nur Informationen zu erhalten.

Das neue Kind

Möglicherweise bringen die Eltern ihr Kind zum Gespräch mit oder es ist in Ihrer Einrichtung ein fester Bestandteil, dass das Kind anwesend ist. Dann weisen Sie die Eltern im Vorhinein darauf hin. Planen Sie das Gespräch „kindgerecht" in Dauer, Inhalten und Gestaltung. Nehmen Sie bewusst Kontakt zum Kind auf. Kommentieren Sie wertschätzend sein Spiel oder beziehen Sie ältere Kinder in das Gespräch ein. Stellen Sie z. B. Fragen nach dem Lieblingsspielzeug oder Geschwistern.
Fühlt es sich wohl? Können Sie sich mit den Eltern unterhalten? Falls nicht, machen Sie eine Pause, setzen Sie das Gespräch z. B. beim Rundgang durch die Spielräume fort oder vereinbaren Sie einen neuen Termin. Wenn das Kind unruhig ist oder sich unbehaglich fühlt, dann werden die Eltern nervös und können dem Gespräch nicht mehr folgen.

Fragen

- Welche Aspekte der Eingewöhnung wollen wir im Erstgespräch thematisieren?
- Welche Haltungen bezüglich des aktiven Zuhörens fallen uns im Gespräch mit Eltern eher schwer einzunehmen? Warum?
- Welche Haltungen bezüglich des aktiven Zuhörens sind uns besonders wichtig?
- Was können wir tun, um unser aktives Zuhören zu verbessern?

TEAMAUFGABE

Entwickeln Sie im Team eine Liste von Fragen, mit denen Sie ...

- zwangslos ins Gespräch einsteigen können
- im Gespräch Näheres über die Familie erfahren
- herausfinden, was Eltern zum Thema Eingewöhnung wissen
- herausfinden, wie sich Eltern die Gestaltung der Eingewöhnung wünschen

Offene Fragen sind dazu am besten geeignet.

Adler-Analogie zum Berliner und Münchener Modell

Adlerverhalten	Berliner Modell	Bausteine im Buch	Münchener Modell	Verhalten des Elternteils in der Eingewöhnung
Adler richtet das Nest ein.	**Kontakt**	A–N	**Vorbereitungsphase**	
Adlerküken ist zu Beginn im Nest und wird rundum versorgt.	**Grundphase** Tag 1–3	O–T	**Kennenlernphase** ca. 1 Woche	ist zu 100 % beim Kind
Ein Elternteil ist beim Küken und beschützt es. Das Kleine macht Flugübungen, indem es mit den Flügeln schlägt.	Tag 1–6	O–T	**Sicherheitsphase** ca. 1 Woche	Elternteil sitzt an einem Ort, fungiert als sicheres „Nest“, in das das Kind jederzeit zurückkehren kann. Erzieher*in übernimmt immer mehr Aufgaben des Elternteils.
Adlereltern lassen das Küken für eine kurze Zeit allein im Nest.	Erste Trennung *Gelungen* / *Misslungen*	U	Erste Trennung *Gelungen* / *Misslungen*	Elternteil trennt sich kurz vom Kind, kehrt aber schnell zurück. Erzieher*in tröstet das Kind ggf. und kümmert sich.
Das Küken bleibt im Nest, trainiert seine Flugmuskeln und ist dabei immer mal wieder eine kurze Zeit allein.	**Stabilisierungsphase** Trennungszeit ausdehnen	U	**Vertrauensphase** Trennungszeit ausdehnen ca. 1 Woche	Elternteil dehnt die Trennungszeit aus, bleibt aber telefonisch erreichbar. Erzieher*in kümmert sich um die Belange des Kindes.
Das Küken lernt nach und nach, sich selbst zu versorgen. Dabei bleiben die Eltern verfügbar, auch wenn das Küken sie nicht immer sieht.	**Schlussphase** Kind bleibt allein in Kita.	V–Y	**Reflexionsphase**	Elternteil verlässt nach dem Bringen die Kita und bleibt telefonisch erreichbar. Auch über die Kitazeit hinaus bleiben die Eltern der Rückzugsort für die Kleinen.

BAUSTEIN K:

Fragebogen über die Lebenssituation des Kindes

Ein **Fragebogen** bietet Ihnen eine gute Grundlage für die Eingewöhnung. Verwenden Sie ihn jedoch bitte nicht als eine Art Checkliste, bei der alles abgehakt werden muss.
Zeigen Sie **Interesse** an dem, was die Eltern berichten.

Eingewöhnungsakte

Erstellen Sie für jedes neue Kind in der Gruppe eine Eingewöhnungsakte. Alle relevanten Unterlagen legen Sie hier ab. So haben Sie immer alles beisammen. Wenn Sie jeder Familie eine andere Farbe geben, braucht es nur einen Griff und Sie haben die Unterlagen der Familie beisammen. Ist die Eingewöhnung abgeschlossen, heften Sie die Dokumente in den entsprechenden Dokumentationsordner des Kindes. Achtung: Schließen Sie die Akten bei Nichtgebrauch aus Datenschutzgründen ein.

Oft werden die Informationen aus dem Erstgespräch in einem Ordner abgeheftet und verbleiben dort ungenutzt.
Das ist nicht Sinn und Zweck des Bogens. Arbeiten Sie damit. Schauen Sie vor jedem neuen Kontakt immer wieder in die Unterlagen, um Anknüpfungspunkte für ein Gespräch zu haben. Die Eltern fühlen sich so mit ihrem Kind wahrgenommen. Gleichzeitig trägt es dazu bei, dass die Eingewöhnung einfacher zu gestalten ist. Denn je mehr Sie über das Kind und seine Familiensituation wissen, desto passgenauer können Sie darauf eingehen.

Während des Gesprächs mit dem Fragebogen kam heraus, dass der 2-jährige Erik zu Hause am liebsten mit seiner Holzeisenbahn spielt. In Eriks zukünftiger Gruppe gibt es keine Holzeisenbahn, dafür aber in der Nachbargruppe. Nach dem Gespräch vereinbaren die Erzieher*innen mit der Nachbargruppe, die Holzeisenbahn für die Zeit der Eingewöhnung auszuleihen, um Erik den Einstieg zu erleichtern. Weiter vereinbaren sie mit den Eltern, dass Erik die erste Zeit täglich einen Zug von zu Hause für die Holzschienen der Einrichtung mitbringt. Das Übergangsobjekt erleichtert Erik sein Ankommen im Kindergarten und bildet eine Brücke zwischen Kita und Zuhause.

Fragebogen

Es gibt drei Varianten zum Umgang mit dem Fragebogen:

1. den **Eltern mitgeben** oder vor der Eingewöhnung zusenden
2. den Fragebogen **gemeinsam** mit den Eltern während eines Gesprächs ausfüllen
3. den Fragebogen in **zwei Teilen** bearbeiten – ein Teil zu Hause von den Eltern ausfüllen lassen (s. Kopiervorlage 3/3, S. 61) und den anderen Teil gemeinsam in der Einrichtung ausfüllen

BAUSTEIN K: Fragebogen über die Lebenssituation des Kindes

Wenn die Eltern den Bogen **zu Hause ausfüllen**, hat das folgende Vorteile:
- ➔ Sie sparen Zeit.
- ➔ Die Eltern können sich vorbereiten.
- ➔ Die Eltern machen sich bereits vor Beginn Gedanken um die Eingewöhnung.
- ➔ Die Eltern können den Bogen in ihrem Tempo ausfüllen.
- ➔ Die Chance ist höher, dass Eltern den Bogen gemeinsam ausfüllen können und sich darüber austauschen (an einem Gesprächstermin kann evtl. nur ein Elternteil teilnehmen).

Mögliche Stolpersteine bei dieser Variante sind:
- ➔ Die Eltern füllen den Bogen nicht aus.
- ➔ Die Eltern vergessen den Bogen zu Hause.
- ➔ Die Eltern fühlen sich damit überfordert. Dies könnte bei Eltern der Fall sein, die die deutsche (Schrift-)Sprache nicht ausreichend beherrschen.
- ➔ Oftmals sind spontane Antworten authentischer als intensiv vorbereitete.

Bewährt hat sich dabei, dass Sie die Fragen stellen und die Antworten der Eltern dahinter selbst notieren.

Die Vorteile, wenn Sie den Bogen **gemeinsam ausfüllen**, sind:
- ➔ Sie kommen mit den Eltern intensiver ins Gespräch.
- ➔ Die Eltern haben nicht den Druck wie bei einer „Hausaufgabe" und der Bogen bleibt direkt in der Einrichtung.
- ➔ Die Eltern antworten eher spontan.
- ➔ Eltern, die die deutsche Sprache nicht so gut beherrschen, könnten über Mimik und Gestik antworten. Sie können zusätzlich mit Bildmaterial arbeiten oder eine*n Dolmetscher*in hinzuziehen.
- ➔ Sie können auf Antworten direkt weitere Nachfragen stellen.

Mögliche Stolpersteine bei dieser Variante sind:
- ➔ Auch hier könnte es bei Eltern, die die deutsche Sprache nicht sprechen, Schwierigkeiten bei der Kommunikation geben.
- ➔ Die Eltern wissen auf einige Fragen nicht direkt eine Antwort.
- ➔ Die Eltern fühlen sich ausgefragt.

Die Vor- und Nachteile der dritten Variante ergeben sich aus den Vor- und Nachteilen der ersten beiden Varianten.

TIPP

Gesprächsanlässe wahrnehmen
Benutzen Sie den Fragebogen während der Eingewöhnung als Gesprächsanlass.
Stellen Sie Fragen dazu, wie:
- Wie ging es Ihnen beim Ausfüllen?
- Welche Fragen sind dabei entstanden?

Auf einzelne Fragen können Sie näher eingehen, z. B. auf die Frage „War Ihr Kind bereits außerhalb der Familie betreut?" können Sie einleitend sagen, dass es hilfreich sein kann, wenn das Kind positive Vorerfahrungen hat, da es diese Vorerfahrungen auf die neue Situation übertragen kann.

Fragen

- Welche Variante zum Ausfüllen des Fragebogens wollen wir verwenden oder verwenden wir schon?
- Was sind mögliche Stolpersteine und wie können wir damit umgehen?
- Wie wollen wir während der Eingewöhnung aktiv mit dem Bogen arbeiten?

In der Kopiervorlage ab S. 59 finden Sie einen Fragebogen, den Sie für alle drei vorgestellten Varianten nutzen können.

Fragebogen zur Lebenssituation des Kindes (1/3)

Thema	Frage	Antwort
Einrichtung	Wie sind Sie auf unsere Einrichtung aufmerksam geworden?	
	Warum haben Sie sich für unsere Einrichtung entschieden?	
	Was wünschen Sie sich für Ihr Kind? Was soll es hier lernen? Welche Erfahrungen soll es hier machen?	
	Was wünschen Sie sich von den Fachkräften der Einrichtung für die Kindergartenzeit?	
Eingewöhnung	Worauf freuen Sie sich in Bezug auf die Eingewöhnung?	
	Welche Sorgen haben Sie in Bezug auf die Eingewöhnung? Welche Fragen kommen auf?	
	Wie können wir Ihnen und Ihrem Kind die Eingewöhnung so leicht wie möglich machen?	
	Was würde Ihrem Kind den Abschied von Ihnen erleichtern?	
	Was würde Ihnen helfen, dass Ihnen der Abschied von Ihrem Kind leichterfällt?	
	Gibt es etwas, dass Einfluss auf die Eingewöhnung haben könnte? (Z. B. Urlaub, Umzug, neuer Arbeitsplatz, Schwangerschaft, Trennung ...)	

Fragebogen zur Lebenssituation des Kindes (2/3)

Thema	Frage	Antwort
Das Kind	Wie ist der Tagesablauf des Kindes bisher? Welche festen Schlaf- und Essenszeiten gibt es bei Ihnen?	
	Was mag Ihr Kind besonders gern (z. B. Kuscheltier, Spielzeug, Essen ...)?	
	Welche Stärken hat Ihr Kind, was ist besonders an ihm?	
	Welche Themen beschäftigen das Kind? (z. B. Tiere, Babys, Autos, Baustelle ...)	
	Was sind die Essgewohnheiten des Kindes? Müssen wir etwas Besonderes beachten?	
	Wie gelingt es Ihnen, Ihr Kind zu trösten?	
	Wie zeigt ihr Kind, wenn es ihm gut geht/nicht gut geht?	
	Wird Ihr Kind gewickelt oder geht es zur Toilette? Wie macht es darauf aufmerksam, dass es gewickelt werden möchte oder zur Toilette muss? Braucht es Hilfe beim Toilettengang?	
	Hat Ihr Kind Ängste? Wenn ja, welche? Was vermeidet Ihr Kind? Was mag es nicht so gern? Wem oder was weicht es aus?	

Fragebogen zur Lebenssituation des Kindes (3/3)

Thema	Frage	Antwort
Zu Hause	Hat das Kind Geschwister?	
	Welche Sprache/n sprechen Sie zu Hause?	
	Gibt es kulturelle oder religiöse Besonderheiten in Ihrer Familie (z. B. bestimmte Feste/Rituale)?	
	Gibt es besondere Wortschöpfungen? (Z. B. „Nulli" für Schnuller?)	
	Hat das Kind Kontakt zu anderen Kindern (z. B. Krabbel- oder Turngruppe)?	
Trennungs-erfahrungen	Wurde Ihr Kind bereits außerhalb der Familie betreut? (Wie oft? Wie lange?)	
	Wie verliefen bisher Trennungen von Ihnen/Bezugspersonen?	
	Was hat bei der Trennung geholfen oder sie erschwert?	
	Wie hat das Kind auf Trennungen reagiert?	
Sonstiges	Ist Ihr Kind häufig krank?	
	Für welche Krankheiten ist es besonders anfällig?	
	Hat Ihr Kind Allergien oder Unverträglichkeiten?	
	Wurden für Ihr Kind unterstützende Therapien begonnen (z. B. Ergotherapie)?	
	Gibt es noch etwas, das wir wissen müssen?	
Notizen		

BAUSTEIN L:

Willkommensfest

Warum ein Fest?

Kinder lieben Feste. Sie vermitteln Werte, Traditionen und geben dem Jahreslauf eine Struktur. Feiern hat eine Bedeutung. Es macht den **Wert** einer Person oder Situation sichtbar.
Zur Einschulung veranstaltet man ein Fest mit Ritualen, wie z. B. der Schultüte.
Am Ende der Kitazeit werden die Vorschulkinder gebührend entlassen. Heißen Sie die neuen Kinder ebenso willkommen. Selbst wenn die Kinder sehr jung sind, bringen Sie den neuen Familien mit einem Fest Ehre entgegen. Die Eltern fühlen sich für ihre Kinder mit willkommen. Es zeigt ihnen, dass sie empfangen werden. **Feiern ist schön**, es ruft positive Emotionen hervor und eine Verknüpfung zwischen „schön" und „Kindergarten" fördert den Start der Eingewöhnung.

TIPP

Ein Fest sagt mehr als tausend Worte
Wie ein Bild sagt ein Fest mehr als tausend Worte.
Es sagt:

Schön, dass du da bist.
Wir feiern vor Freude.
Herzlich Willkommen.
Wir feiern dich.
Du gehörst zu uns.
Wir feiern den Neubeginn.
Wir freuen uns auf dich.

Auch für Sie selbst bietet ein Willkommensfest **eine Brücke**. Sicher fällt Ihnen der Abschied von den Vorschulkindern schwer. Sie haben eine lange Zeit mit ihnen verbracht – gemeinsam gelacht, geweint, gewütet, gespielt und viel erlebt. Sie dürfen diesen Abschiedsschmerz haben. Er zeigt, wie viel Herzblut Sie in Ihre Arbeit legen. Doch gleichzeitig kann er die Eingewöhnung behindern. Mit einem Willkommensfest setzen Sie sich selbst ein **Signal**, dass Sie die „alten" Kinder loslassen und die „neuen" Kinder aufnehmen.
Freuen Sie sich auf die neuen Menschen, die in Ihr Leben treten und dieses bereichern werden.
Feiern Sie diesen Start. Es muss nichts Aufwändiges sein.
Machen Sie sich nicht so viel Arbeit und denken Sie nicht: „Das muss ich auch noch machen, o je, wie soll ich das nur alles schaffen?" Letztlich geht es darum, der Sache eine **symbolische Bedeutung** zu geben. Es reicht eine kleine Vorbereitung, außer Sie wollen es gern pompös, dann toben Sie sich aus.

BAUSTEIN L: Willkommensfest

Gestaltung

Was gehört zu einem Fest für eine Person? Denken Sie hier beispielsweise an einen Geburtstag oder die Einschulung.

- **Geschenke:** Hier reicht eine Kleinigkeit mit Symbolwert aus oder Sie lassen etwas von den Kindern gestalten.
- **Essen:** Es muss kein Buffet sein, Muffins oder eine Obstplatte tun es auch.
- **Musik:** Vielleicht üben Sie mit den Kindern ein kleines Willkommensständchen oder ein gemeinsames Begrüßungslied ein.

In welcher Reihenfolge Sie diese Elemente einsetzen und welche Elemente Sie noch hinzufügen, bleibt Ihnen überlassen. Wie gesagt, es kann ganz einfach sein. Vielleicht laden Sie die neuen Familien für ein Stündchen während des ganz normalen Kita-Alltags ein? Dabei müssen Sie nicht die ganze Stunde mit Programm füllen, lassen Sie Kind und Eltern Zeit zum freien Spiel. Machen Sie es unkompliziert im Stuhlkreis oder vor einer kleinen Bühne. Es kann gruppenintern oder für den gesamten Kindergarten durchgeführt werden.

Denken Sie daran, dass eine Feier aus **Begrüßung, Mitte und Verabschiedung** besteht und beziehen Sie die Kinder ein, die bereits in den Kindergarten gehen. Lassen Sie sie die Geschenke überreichen, etwas vortragen oder das Essen verteilen. Selbst wenn Sie es einfach halten: Bereiten Sie alles gut vor.

TIPP 

Ideen für ein kleines Geschenk

- Ein selbst gemachtes kleines Buch: Dafür kann jedes Kind eine Seite gestalten, die Sie laminieren, lochen und zusammenbinden. Alternativ erfinden Sie gemeinsam eine kleine Geschichte zum Thema „Kindergarten".
- Gestalten Sie als Gruppe das Cover des Portfolioordners für das neue Kind.
- Bemalen Sie mit den Kindern eine Baumwolltasche, die z. B. am Haken für Wechselkleidung hängt.
- Sie können auch ein kleines Kuscheltier nähen.

Das einfachste Willkommensfest der Welt

Feiern Sie das Fest vor oder in der ersten Eingewöhnungswoche oder sobald alle neuen Kinder da sind. Es findet für die neuen Kinder im Gruppenalltag beim Morgenkreis statt. Dazu singen Sie ein Begrüßungslied, verspeisen Minimuffins, die Eltern mitgebracht haben, und überreichen den neuen Kindern das Eingewöhnungsgeschenk. Extra einfach wird es, wenn Sie statt der Muffins eine Packung Reiswaffeln oder Gummibärchen verwenden.

Fragen 

- Was wollen wir durch ein Fest zum Ausdruck bringen?
- Wie wollen wir das Willkommensfest feiern?
- Welches Begrüßungsgeschenk bekommen neue Kinder?
- Wie können wir die neuen Eltern einbeziehen?
- Wie können wir die Kinder aus der Gruppe einbeziehen?
- Wann ist der günstigste Zeitpunkt für so ein Fest?
- Feiern wir gruppenintern oder als gesamte Kita?

Partyplaner Willkommensfest

Anlass/Thema	Datum, Uhrzeit, Ort

Gäste

○ Nur Gruppe ………… ○ Kinder ○ Eltern

○ Kitaintern ○ Kinder ○ Eltern ○ Verwandte

weitere Gäste:

○ Elternbeirat ○ Vorstand ○ Träger

○ …………

○ …………

Wer ist hauptverantwortlich?

Sonstiges

○ Technik, Musik, Mikrofon: …………

○ Fotos: …………

○ Eltern beteiligen: …………

Essen

○ Buffet ○ Obst ○ Gemüse ○ Waffeln

○ Brötchen (belegt)/Brot ○ Muffins/Kuchen

○ Grillen: …………

○ …………

Getränke

○ Wasser ○ Kaffee ○ Milch ○ Saft ○ Tee

○ …………

Einkaufen/Besorgen	Wer ist zuständig?
○ …………	…………
○ …………	…………
○ …………	…………
○ …………	…………
○ …………	…………
○ …………	…………
○ …………	…………

Ablauf (z. B. Begrüßung, Mitte, Verabschiedung)	Wer ist zuständig?
…………	…………
…………	…………
…………	…………
…………	…………
…………	…………
…………	…………
…………	…………

To-dos	Wer ist zuständig?
○ …………	…………
○ …………	…………
○ …………	…………
○ …………	…………
○ …………	…………
○ …………	…………
○ …………	…………

BAUSTEIN M: Schnuppern

Eine Schnupperzeit hilft, sich gegenseitig kennenzulernen. In einer angenehmen Atmosphäre entwickelt man so ein erstes **Gefühl füreinander**.
Es gibt verschiedene Möglichkeiten, wie Sie die ersten Schnuppertage gestalten können. Das hängt vor allem mit Ihren **Zielen** für das Schnuppern zusammen. Deshalb überlegen Sie im ersten Schritt, was Sie mit den Schnuppertagen erreichen wollen. Im zweiten Schritt denken Sie über deren **Gestaltung** nach.

1. Schritt: Mögliche Ziele

- Die Eltern lernen sich untereinander kennen (beim Schnuppern mehrerer Familien gleichzeitig).
- Die Eltern lernen die Gruppenerzieher*innen kennen.
- Die neuen Kinder lernen die Räumlichkeiten kennen.
- Die neuen Kinder lernen andere Kinder kennen.
- Die neuen Kinder lernen die Bezugs- und Gruppenerzieher*innen kennen.
- Die neuen Kinder machen sich vertraut mit dem Tagesgeschehen.
- Die Eltern lernen den Tagesablauf kennen.
- Sie wollen die Eltern und Kinder kennenlernen.
- Sie wollen erste Beobachtungen über das Verhalten der Eltern und Kinder oder deren Beziehung zueinander machen.
- ...

2. Schritt: Mögliche Formen

- Eine Krabbelgruppe parallel zum Kindergartenalltag einrichten (sehr gut für Familienzentren geeignet).
- Ein Treffen der neuen Eltern und ihrer Kinder am Nachmittag gestalten (neue Eltern und Kinder unter sich).
- Einen Besuch während des Betriebs einrichten, zu dem das neue Kind mit einem Elternteil kommt (z. B. an drei Tagen je eine Stunde).

Jede Form des Schnupperns hat ihre **Vor- und Nachteile**. Die Vorteile einer Krabbelgruppe und eines Treffens am Nachmittag sind, dass Ihr Kita-Alltag nicht gestört wird und dass Sie sich erst einmal darauf konzentrieren können, die Kinder und Eltern kennenzulernen. Eltern und Kinder lernen Sie und die Räumlichkeiten in Ruhe kennen. Nachteile dabei sind, dass Sie sich extra Zeit nehmen und diese Schnupperstunden zusätzlich vorbereiten müssen.

Der Besuch während des Betriebs bedarf keiner großen Vorbereitung und findet innerhalb der Arbeitszeit statt. Allerdings kann es den Alltag durcheinanderbringen und eine Änderung der Tagesstruktur notwendig machen. Außerdem wird das Kind mit vielen Eindrücken konfrontiert. Dafür bekommen Eltern und Kind einen ersten Eindruck in den regulären Kindergartenalltag.

Für welche Form und Gestaltung Sie sich entscheiden, machen Sie so viel wie möglich für die Eltern **transparent**. Sie selbst wissen, welches Ziel Sie mit dem Schnuppern verfolgen, erklären Sie es auch den Eltern. Setzen Sie einen Rahmen (s. Fallbeispiel) für das Schnuppern.

Für die Einladung zur Schnupperstunde können Sie die Kopiervorlage auf S. 67 verwenden. Des Weiteren befindet sich eine Beispielschnupperstunde auf S. 68 f.

TIPP

Legen Sie die Schnupperstunde so, dass Sie sie entweder mit einem kleinen gemeinsamen Kreis starten oder abschließen können. Singen fördert das Gemeinschaftsgefühl. Es entsteht eine Verbindung zwischen den Beteiligten. Wenn Sie Lieder singen, die Sie beispielsweise auch im Morgenkreis verwenden, können die Kinder die Melodien kennenlernen.

BAUSTEIN M: Schnuppern

Fallbeispiel: Rahmen setzen und Brücken bauen schon beim Schnuppern

Nach dem Begrüßungslied im gemeinsamen Kreis werden die Kindergartenkinder in eine Freispielzeit entlassen. Die neue Mutter steht mit der kleinen Aleyna (2,3 Jahre) an der Hand in der Gruppe und beobachtet das Geschehen. Aleyna hält ihre Puppe fest im Arm. Sie benötigen möglicherweise eine Brücke vom Begrüßungskreis hin zum Freispiel. Bezugserzieherin Petra gesellt sich zu ihnen und erklärt der Mutter den Rahmen: „Jetzt haben Sie unseren Begrüßungskreis kennengelernt."
„Das Lied kennen wir schon vom Kinderturnen", erzählt die Mutter.
Petra macht weitere Hinweise auf den Rahmen: „Schön, dann hat Aleyna etwas, das sie bereits kennt. Bei der heutigen Schnupperstunde bekommen Sie einen ersten Einblick in unseren Kindergartenalltag. Die Freispielzeit dauert jetzt ca. 30 Minuten Das bedeutet, dass die Kinder selbst ihr Spiel und ihre Spielpartner auswählen. Aleyna kann sich gemeinsam mit Ihnen ebenfalls aussuchen, wo und was sie spielen möchte."
Die Mutter sieht sich im Raum um: „Ich weiß gar nicht, wo wir anfangen sollen." Die Bezugserzieherin erkennt, dass Aleynas Mutter noch weitere Begleitung braucht. Petra erinnert sich an den Namen von Aleynas Puppe, die sie beim Hausbesuch kennengelernt hat, und an die Erzählungen der Mutter, dass es ihr Lieblingsspielzeug ist. Sie beugt sich zu Aleyna hinunter und deutet auf die Puppe: „Du hast heute Lola mitgebracht?" Aleyna nickt. „Was hältst du davon, wenn du mit deiner Mama etwas in der Puppenküche für Lola kochst?"
Aleyna nickt erneut. Petra wendet sich an die Mutter. „Sie können mich jederzeit ansprechen, wenn etwas ist." Die Mutter wendet sich an ihre Tochter: „Okay, gehen wir was Leckeres kochen." Mutter und Tochter nutzen die „Brücke", die die Bezugserzieherin ihnen gebaut hat.

Jeder Mensch ist anders. Die einen finden sich in Ihren Räumen leicht zurecht, andere halten sich lieber zurück. Bauen Sie den Eltern Brücken. Seien Sie präsent, ansprechbar und gesellen Sie sich immer wieder mal zu ihnen, vor allem dann, wenn Sie das Gefühl haben, dass die Eltern unsicher sind. Die Eltern wissen vielleicht nicht, was von ihnen erwartet wird und wie sie sich verhalten sollen. Darum bauen Sie Brücken von einer Situation zur nächsten, wie im Fallbeispiel aufgezeigt.

Fragen

- Was sind unsere Ziele für das Schnuppern?
- Welche Form des Schnupperns bieten wir an?
- Wie viele Schnuppertage/-stunden wollen wir anbieten?
- Wie wollen wir die Schnupperstunden gestalten?
- Wer bereitet die Schnupperstunden vor und führt sie durch?
- Wie laden wir die Eltern dazu ein?
- Welche Rahmenbedingungen legen wir für die Zeit des Schnupperns fest?

Einladung zum Schnuppern

Liebe Familie ....,

wir freuen uns sehr, dass Ihr Kind .... demnächst unsere Einrichtung besuchen wird.

Dafür laden wir Sie **am** ....

von .... **bis** ....

zu einer Schnupperzeit ein.

Während der Schnupperzeit ist uns wichtig, dass wir alle einen ersten Eindruck voneinander bekommen. Sowohl Sie als Eltern als auch Ihr Kind können sich mit den Räumen und Spielmaterialien vertraut machen und die anderen Kinder und uns Erzieher*innen kennenlernen. Seien Sie die ganze Zeit bei Ihrem Kind. Nehmen Sie auch gern Kontakt zu den anderen Kindern und Eltern auf, probieren Sie unsere Spielmaterialien einmal selbst aus und begeben Sie sich auf Entdeckungsreise durch den Raum.

Wenn Sie Fragen haben, scheuen Sie sich nicht, uns anzusprechen.
Bitte geben Sie uns eine kurze Rückmeldung, ob Sie beim Schnuppern dabei sein können.

Wir wünschen Ihnen und Ihrem Kind viel Spaß beim Sammeln erster Eindrücke.
Wir freuen uns darauf, Sie und Ihr Kind näher kennenzulernen.

Ihr Kita-Team

BAUSTEIN M: Schnuppern

Beispiel für eine Schnupperstunde

Form: Treffen der neuen Eltern und Kinder am Nachmittag
Ort: in der zukünftigen Kitagruppe
Dauer: ca. 60 Min.
Mitarbeiter: im besten Fall die Bezugserzieher*innen (mind. ein*e Erzieher*in)

Hinweise: Bei kleinen Einrichtungen oder wenigen Neuaufnahmen machen Sie eine Schnupperstunde für alle Familien der Einrichtung. In diesem Fall und wenn mehrere Schnupperstunden geplant sind, können sich die entsprechenden Bezugserzieher*innen abwechseln.

Ziele:

- ➜ Die Eltern lernen sich untereinander kennen.
- ➜ Die neuen Kinder lernen die Räumlichkeiten kennen.
- ➜ Die neuen Kinder lernen andere Kinder kennen.
- ➜ Die neuen Kinder lernen die Bezugs- und Gruppenerzieher*innen kennen.
- ➜ Sie selbst bekommen einen ersten Eindruck von den Eltern und Kindern.
- ➜ Sie haben Gelegenheit, die Eltern und Kinder in Interaktion miteinander zu erleben.

Vorbereitung

Material bereitlegen

- ✔ Sitzgelegenheiten (z. B. Kissen oder kleine Hocker)
- ✔ Stifte und Kreppband für Namensschilder
- ✔ evtl. Tisch mit einem Angebot vorbereiten (z. B. Fingerfarben, Knete, Naturmaterialien)

Raum herrichten

- ✔ durchlüften
- ✔ Getränke bereitstellen (zumindest Wasser)
- ✔ Sitzkreis aufbauen
- ✔ Namensschilder für anwesende Erzieher*innen machen

Los geht's

Begrüßung

- ➜ Begrüßung an der Tür
- ➜ etwas zu trinken anbieten
- ➜ bei den Namensschildern helfen (Vor- und Nachnamen notieren, wenn ein „Sie" üblich ist, sonst reichen die Vornamen)
- ➜ Einladung, sich umzuschauen
- ➜ Sobald alle Familien anwesend sind oder die Zeit es vorgibt, alle bitten, im Kreis Platz zu nehmen.
- ➜ mit einem gemeinsamen Lied starten (hier eignet sich besonders ein Morgenkreislied, das regelmäßig in der Gruppe gesungen wird)
- ➜ dann zu einer Vorstellungsrunde übergehen (Vor- und Nachname der Eltern und des Kindes, evtl. Gruppenzugehörigkeit und Alter des Kindes)

BAUSTEIN M: Schnuppern

Freispielzeit

- Familien zum freien Spiel einladen, bei dem sie den Raum entdecken und erkunden können
- Rahmen setzen (Zeit, Ort, Hinweise ...)
- zwischendurch Getränke anbieten
- bei jeder Familie einmal kurz verweilen und mit ihnen sprechen
- Eltern ermutigen, auch untereinander ins Gespräch zu kommen
- evtl. mit jeder Familie gemeinsam etwas am vorbereiteten Tisch machen, z. B. Handabdrücke oder mit Naturmaterialien spielen lassen

Abschluss

- zum Ende mit einem gemeinsamen Kreis abschließen, die Eltern von ihren Erfahrungen und Eindrücken berichten lassen und erfragen, wie es ihnen ging
- das Gespräch für Fragen öffnen
- ein gemeinsames Abschlusslied singen

Varianten

1. **Lieder:** Sie müssen nicht unbedingt singen, Sie können auch einen kleinen Spruch reimen oder eine andere Begrüßungs- oder Verabschiedungsform wählen. Nehmen Sie etwas Typisches aus dem Kindergartenalltag, so gibt es einen Wiedererkennungswert.
2. **Raum:** Bei schönem Wetter können Sie die Schnupperstunde auch draußen abhalten.
   Achten Sie darauf, dass Sie die Möglichkeit haben, den Begrüßungs- und Abschlusskreis im Schatten abzuhalten. Geben Sie trotzdem den Familien die Möglichkeit, die Gruppenräume zu erkunden.
3. **Vorstellungsrunde:** Geben Sie den Eltern eine kleine Aufgabe, z. B „Suchen Sie einen Gegenstand in der Gruppe oder aus Ihrem Besitz, der typisch für Sie ist, mit dem Sie sich und Ihr Kind vorstellen können. Zuerst stellen Sie sich selbst mit Namen vor, dann präsentieren Sie den ausgewählten Gegenstand und erzählen, was er über Sie aussagt." *(Beispiel einer Erzieherin: „Ich bin Susanne und ich habe mir den Elefanten ausgesucht, weil das mein Lieblingstier ist. Eigentlich sind Elefanten grau, aber dieser ist orange und das passt besonders gut, da ich in der orangefarbenen Gruppe arbeite." Die Eltern können es Ihnen nachmachen.)*

BAUSTEIN N:

Routine/Struktur

Routinen helfen uns, den Tag zu gestalten. Wenn auch der Eingewöhnungsprozess routiniert ist, hilft es Ihnen, sich auf jede einzelne Eingewöhnung vorzubereiten und an alles zu denken. Dann fühlen Sie sich sicherer und wenn Sie sich sicher fühlen, strahlen Sie es aus und das wird sich positiv auf das **Sicherheitsgefühl** der Eltern und damit auch des Kindes auswirken. Legen Sie einen **Ablauf** fest, der zur Routine wird.

Bauen Sie die Eingewöhnung auf den drei Elementen **Begrüßung, Eingewöhnungszeit, Verabschiedung** auf.
Fügen Sie dem noch die **Vorbereitung** und die **Reflexion** zu, haben Sie alle Zutaten, die Sie brauchen.

Vorbereitungen

Wenn Sie vorbereitet sind, sind Sie **entspannter**. Sie wissen, was auf Sie zukommt und was Sie für den **aktuellen Tag** berücksichtigen müssen. Dann können auch ungeplante Vorkommnisse Sie nicht so leicht aus der Bahn werfen. Nehmen Sie sich Zeit, um **täglich** die Eingewöhnung vorzubereiten.

Begrüßung

Achten Sie darauf, Elternteil und Kind zu begrüßen. Geben Sie ihnen **Zeit**, ihre Sachen abzulegen, und wichtige Fragen, Sorgen und Anliegen gleich loszuwerden. Dafür sollten Sie **pünktlich** bereitstehen und die beiden erwarten. Rechnen Sie damit, dass die Familie auch ein wenig zu früh kommen kann, vielleicht weil sie aufgeregt ist oder einen guten Eindruck machen will. Also legen Sie den Termin stets so, dass Sie eine halbe Stunde vorher in der Einrichtung sind. Das ist auch wichtig, um Dienst- und Gruppenübergaben vorher abgehandelt zu haben. Rechnen Sie ebenfalls damit, dass die Familie zu spät kommt. Sie müssen sich vielleicht erst daran gewöhnen, morgens pünktlich zu erscheinen oder ihnen kam etwas dazwischen, oder vielleicht fällt es ihnen generell schwer, pünktlich zu sein. Unpünktlichkeit sollte in dieser Phase mit den Eltern nicht thematisiert werden. Ein Schritt nach dem anderen. Die Eingewöhnung hat Priorität.

BAUSTEIN N: Routine/Struktur

Eingewöhnungszeit

Nachdem Sie Elternteil und Kind empfangen haben, sprechen Sie sich zum Einstieg kurz mit dem Elternteil bezüglich der **Rahmenbedingungen** ab.
Es geht vor allem darum, dass Sie Elternteil und Kind sicher durch die Zeit begleiten. Die Kopiervorlage „Tägliche Routine während der Eingewöhnung“ (S. 72) fungiert als ein **Werkzeug**, das Ihnen bei der Begleitung hilft. Legen Sie Gesprächszeiten mit der Begleitperson an den Anfang und an das Ende jedes Eingewöhnungstages. Bleiben Sie dann ganz **nah am Kind**. Lernen Sie es kennen und bauen Sie eine **Beziehung** zu ihm auf. Verhelfen Sie ihm evtl. ins Spiel.
Seien Sie während der Eingewöhnung immer präsent. Widmen Sie 100 Prozent Ihrer **Aufmerksamkeit** Elternteil und Kind. Sie sind die **wichtigste Bezugsperson** und haben eine verantwortungsvolle Aufgabe. Ihre Aufgabe ist es, zu beobachten und mit beiden in Kontakt zu bleiben.

Verabschiedung und kurze Reflexion

Die Verabschiedung fällt allen leichter, wenn es dafür einen **festen Zeitpunkt** gibt, den Sie bereits bei der Begrüßung besprochen haben. Je nachdem, in welcher Eingewöhnungsphase Sie sich befinden, gibt es eine gemeinsame Verabschiedung von Elternteil und Kind (zu Beginn der Eingewöhnung) oder zwei Verabschiedungen: einmal nur von dem Elternteil und dann nochmal von beiden (wenn bereits Trennungen vollzogen werden). Die Reflexion findet selbstverständlich erst bei der letzten Verabschiedung statt, bevor das Kind mit seinem Elternteil die Einrichtung verlässt.

Bei dieser Reflexion handelt es sich um eine „Tür- und Angelreflexion“. Geben Sie den Eltern Raum, Fragen zu stellen, und finden Sie heraus, welche Beobachtungen die Eltern gemacht haben und wie sie ihr Kind in der Gruppe wahrnehmen. Geben Sie ebenfalls eine Rückmeldung und/oder fassen Sie kurz Ihre Beobachtungen des Tages zusammen.

Fragen

- Wie wollen wir Elternteil und Kind begrüßen und verabschieden?
- Welche Fragen wollen wir zur Reflexion des Tages benutzen?
- Welche Routinen und Rituale helfen Eltern und Kind bei der Eingewöhnung?

Tägliche Routine während der Eingewöhnung

Vorbereitung

→ alle nötigen Unterlagen (z. B.: Elternmappe, Übersicht des Eingewöhnungsmodells, Beobachtungsbögen, leere Blätter, Stifte ...) bereitlegen
→ Elternraum überprüfen (Getränke, Zeitschriften, Temperatur, Luft ...)
→ aktueller Stand: An welchem Punkt der Eingewöhnung befinden wir uns?

→ ....

Begrüßung

→ Elternteil und Kind begrüßen
→ Elternteil und Kind ankommen lassen

→ ....

Einstieg in die Eingewöhnungszeit: Rahmenbedingungen klären

→ erfragen, wie die Stimmung bei Elternteil und Kind am heutigen Tag ist
→ erfragen, wie der vorherige Tag der Eingewöhnung empfunden wurde (ab dem zweiten Tag)
→ evtl. Bemerkungen zur Gruppensituation machen (z. B. „Heute kommt die Lesepatin", „Die Vorschulkinder machen einen Ausflug")
→ Stand der Eingewöhnung, Absprache über den heutigen Tag (z. B. wie am Vortag, erster Trennungsversuch oder heute keine Trennung) und die Uhrzeiten klären (Wie lange dauert die Eingewöhnung und evtl. die Trennung?)
→ Rollenverteilung klären (Welche Aufgaben übernimmt der Elternteil? Welche Aufgaben übernimmt der*die Bezugserzieher*in im Hinblick auf z. B. Füttern, Wickeln ...)

→ ....

Eingewöhnungszeit

→ das Kind begleiten (Bezugserzieher*in bleibt die ganze Zeit nah am Kind)
→ Beobachtungen notieren
→ evtl. Trennung vollziehen (jemand, der die Mutter bzw. den Vater in den Trennungsraum führt und ihr*ihm zwischendurch Rückmeldung über das Befinden des Kindes während der Abwesenheit gibt)

 ....

Verabschiedung und kurze Reflexion

→ erfragen, wie der Tag empfunden wurde
→ Was war positiv? Welche Schwierigkeiten gab es?
→ eigenen Eindruck weitergeben
→ Absprache, wie es am nächsten Tag weitergeht
→ Verabschiedung

 ....

BAUSTEIN 0:
Der erste Eingewöhnungstag

Die Eingewöhnung beginnt

Nun ist es so weit. Der erste Kindergartentag steht vor der Tür und alle Beteiligten werden höchstwahrscheinlich mächtig **aufgeregt** sein. Wenn Sie Eltern und Kind begrüßt haben, **informieren** Sie sie über den Ablauf der heutigen Eingewöhnungszeit, z. B. „Ich habe für heute eine Stunde eingeplant. Zuerst zeige ich Ihnen die Eigentumsorte des Kindes und dann suchen wir uns gemeinsam etwas zum Spielen. Die Zeit soll vor allem dem gegenseitigen Kennenlernen dienen."

Stellen Sie sich vor …

Sie sind auf einem marokkanischen Markt. Es gibt meist einen Ein- und Ausgang und mittendrin ein riesiges Labyrinth aus den unterschiedlichsten Ständen. Von Obst und Gemüse über Kleidungsstücke, geflochtene Körbe, Teppiche, bis hin zu Gewürzen und Parfümen erhalten Sie dort alles. Einmal dort drin, finden Sie allein nicht wieder hinaus. Die vielfältigen Eindrücke, Gerüche und fremden Geräusche versetzen Sie von jetzt auf gleich in eine fremde Welt.
Doch keine Sorge, als Tourist*in werden Sie sofort von einem marokkanischen Guide angesprochen und von einem Stand zum nächsten geführt. Irgendwann stellen Sie fest, dass es alles seine Freund*innen und Verwandten sind, zu denen er Sie führt. Doch respektvoll lässt er Sie überall so lange verweilen, wie Sie es möchten. Er drängt Sie nicht und erkennt schnell, was Ihnen gefällt, um Sie dann weiter zu den für Sie passenden Ständen zu führen. Dabei geht es durch enge Gassen, breite Straßen und sogar durch Wohnhäuser hindurch. Wenn er merkt, dass Ihr Interesse verfliegt und Sie Ihre Einkaufstour beenden möchten, geleitet er Sie direkt und sicher zum Ausgang. Sie sind erleichtert, denn ohne ihn hätten Sie nicht wieder hinausgefunden und voller Dankbarkeit geben Sie ihm ein großzügiges Trinkgeld.

Während der Eingewöhnung sind Sie der Guide der Familie, aber vor allem der*die Begleiter*in für das Kind. Führen Sie es entsprechend seinem Tempo und seinem Interesse durch den marokkanischen Kita-Markt.

Rundgang zu persönlichen Orten des Kindes

An diesem Tag bietet es sich an, zum Einstieg dem Kind **seine Plätze** zu zeigen.

Alle Orte des Kindes sollten vorbereitet sein. **Persönliche Orte** des Kindes können sein:

- ➔ Haken (z. B. Garderobe/Handtuch)
- ➔ Briefkasten (z. B. für Nachrichten an die Eltern)
- ➔ Schubladen (z. B. für bemalte Blätter)
- ➔ Kisten (z. B. Wechsel- oder Schlafsachen)
- ➔ Schnullerbrett
- ➔ Fächer/Regalbretter (z. B. Portfolioordner oder Wickelsachen)
- ➔ …

Die Kopiervorlage „Eigentumsorte der neuen Kinder vorbereiten" (S. 75) enthält eine Checkliste zum Abhaken. Tragen Sie in diese Liste die Eigentumsorte der neuen Kinder ein. Stellen Sie sicher, dass alles für die Ankunft der neuen Kinder vorbereitet ist.

Zeigen Sie in erster Linie dem Kind, aber auch den Eltern die Orte und wofür sie gedacht sind. Geben Sie den Eltern Zeit, die mitgebrachten Sachen, wie z. B. Matschsachen, Windeln, Decke, Schlafsachen, Schnuller etc., an den entsprechenden Orten abzulegen.
Beziehen Sie das Kind mit ein, z. B. so: „Schau mal, das hier ist dein Haken, den erkennst du an deinem Foto/deinem Zeichen (Zeichen nennen). Hier kannst du deine Jacke aufhängen."

Gegenseitiges Kennenlernen

Fragen Sie die Mutter bzw. den Vater nach dem Befinden und besprechen Sie dann die Details der Eingewöhnung und deren Verlauf für den heutigen Tag. Gespräche kommen zu Beginn und zum Schluss. Pflegerische Tätigkeiten übernehmen an diesem Tag noch die Eltern.

TIPP

Kopieren Sie eine Übersicht vom Eingewöhnungsmodell (s. Baustein J, S. 56) und laminieren Sie sie. Benutzen Sie sie zur Visualisierung, wenn Sie den nächsten Schritt planen, und bei den Reflexionen. So können sich die Eltern, die sich mit dem Modell nicht so gut auskennen, besser orientieren.

Nun ist das Kind dran. Der erste Tag dient der **Orientierung**. Gehen Sie an einen Ort, an dem das Kind das meiste Interesse gezeigt hat, und lassen Sie es dort spielen und entdecken. Die Mutter bzw. der Vater bleibt in der Nähe. Bieten Sie der Begleitperson einen Sitzplatz an. Seien Sie **ganz nah am Kind**. Fragen Sie es nach Lieblingsspielsachen und versuchen Sie, dieses oder etwas Ähnliches in Ihrem Gruppenraum zu finden. Mag das Kind beispielsweise Dinos, aber Sie haben keine, bieten Sie ihm z. B. Tierfiguren an oder fragen Sie das Kind direkt, womit es gern spielen möchte. Folgen Sie den Bedürfnissen des Kindes. Jetzt ist die **Zeit des Entdeckens und Ankommens**. Für das Kind ist alles neu, lassen Sie es laufen und erkunden. Umso besser kann es sich nach seinem Tempo eingewöhnen.
Beachten Sie, dass das Kind immer nur so viel Neues erfährt wie nötig.
Während der Spielphasen des Kindes kann es hilfreich sein, Fragen und Beobachtungen mit der Mutter/dem Vater zu besprechen, z. B. ob das Kind zu Hause auch Dinos hat oder ob es schon einmal mit einer Schere geschnitten hat.

Wenn sich die Möglichkeit ergibt, laden Sie Kinder aus der Gruppe ein, mitzuspielen.

Der erste Tag geht zu Ende

Der erste Tag der Eingewöhnung sollte nicht zu lang sein. Fangen Sie klein an und weiten Sie die Zeitspannen kontinuierlich aus.

Zum Abschluss reflektieren Sie mit der Mutter/dem Vater kurz den ersten Tag und beziehen evtl. das Kind, je nach Alter, dazu ein. Vereinbaren Sie, wie es am nächsten Tag weitergehen soll (besonders den Zeitraum), und beantworten Sie mögliche Fragen. Dann entlassen Sie die beiden mit einer Verabschiedung.

Fragen

- Welche wichtigen Aspekte der Eingewöhnung und unserer Einrichtung sollten wir mit den Eltern am ersten Tag im Detail besprechen?
- Welche Orte zählen zu den persönlichen des Kindes?
- Wie können wir den ersten Tag gestalten, dass er so angenehm wie möglich für das neue Kind ist?
- Was können wir tun, um das Vertrauen der Eltern zu gewinnen?

Eigentumsorte der neuen Kinder vorbereiten

Name des Kindes	**Orte in die nebenstehenden Spalten eintragen,** z. B. Handtuchhaken, Eigentumsfach, Garderobenhaken, Portfolio …											
	freigeräumt und gereinigt											
	mit Namen/Foto versehen											
	freigeräumt und gereinigt											
	mit Namen/Foto versehen											
	freigeräumt und gereinigt											
	mit Namen/Foto versehen											
	freigeräumt und gereinigt											
	mit Namen/Foto versehen											
	freigeräumt und gereinigt											
	mit Namen/Foto versehen											
	freigeräumt und gereinigt											
	mit Namen/Foto versehen											
	freigeräumt und gereinigt											
	mit Namen/Foto versehen											

Dokumentation der Eingewöhnungstermine

Name des Kindes: .... **Bezugserzieher*in:** ....

Dokumentation der Eingewöhnungstermine:

Datum/Tag	Phase der Eingewöhnung laut Modell	Beginn des Eingewöhnungs-termins (Uhrzeit)	Ende des Eingewöhnungs termins (Uhrzeit)	Bei Trennung: Dauer der Trennung

BAUSTEIN P:
Kind als Expert*in

Kinder als Akteure ihrer Entwicklung

Wenn wir nach Jean Piaget das „Kind als Akteur seiner eigenen Entwicklung" verstehen, müssen wir es auch als Expert*in seiner Eingewöhnung akzeptieren. Das heißt nicht, dass das Kind tut und lässt, was es will, oder über alle Schritte der Eingewöhnung entscheidet. Ein Kind kann nicht losgelöst von Beziehungen und Gegebenheiten lernen. Alles um es herum beeinflusst seine Wahrnehmung, Erfahrungen und Handlungen.
Es braucht Personen, die seine Neugierde unterstützen, sich mit ihm über neue Entdeckungen freuen und ihm Halt geben bei Herausforderungen. Das Kind braucht seine Eltern als Fürsprecher und als sicheren Hafen und Sie als verlässliche Bezugsperson in der Kita.

Das Kind erkundet in der **Eingewöhnungszeit** Räume, Materialien und die Kultur des Kindergartens und lernt dabei, mit den Gegebenheiten umzugehen. Es erweitert seinen Handlungsraum und macht Erfahrungen durch neue Bezugspersonen, die ihm Modelle vorleben, welche sich von denen seiner Eltern unterscheiden. Vor allem gewinnt es aber Erkenntnisse in der Interaktion mit anderen Kindern.

Das Beste, was Sie in dieser Zeit tun können, um das Kind optimal zu unterstützen, ist:

1. es beobachten,
2. ihm feinfühlig begegnen,
3. ihm erlauben, seine Gefühle auszudrücken.

Der kindliche Ausdruck von Emotionen geschieht meist mit Körpereinsatz. Sie kreischen vor Freude oder stampfen wütend mit dem Fuß auf. Gefühle werden nicht reguliert wie bei uns Erwachsenen. Mithilfe von **Beobachtung** lässt sich erkennen, wie es dem Kind geht und wie weit es im Eingewöhnungsprozess ist.

Das Kind verstehen

Wenn Sie das Kind und sein Verhalten zu verstehen versuchen, können Sie maßgeblich auf die Eingewöhnung einwirken. Denn Kinder bringen Werkzeuge mit, die ihnen helfen, Sicherheit einzufordern, wenn sie diese benötigen. Dies nennt man **Bindungsverhalten**. In erster Linie sind das z.B. Blickkontakt suchen, Hände entgegenstrecken, rufen, Nähe suchen. Versuchen Sie, bereits diese feinen Nuancen zu erkennen. Wenn auf die ersten Zeichen des Kindes niemand reagiert, greift es zu weiteren Maßnahmen, wie weinen, schreien, klammern und sich auf den Boden werfen.

Die folgende Grafik (S. 78) zeigt, wie Bindungsverhalten funktioniert.

Nestverhalten

Ein Kind, das in einem stabilen Zustand ist, wird von seinem Explorationsverhalten gelockt und erkundet und erforscht seine Umgebung, indem es spielt. Sobald es in eine Stresssituation kommt, wird sein Bindungssystem aktiviert. Es benötigt Hilfe, Schutz oder Geborgenheit. Je nach Art der Beunruhigung kann es ausreichen, wenn es seine Bindungsperson sieht oder mit ihr im Blickkontakt ist. Ist die Situation für das Kind beunruhigender, sucht es womöglich sogar Nähe oder Hilfe. Ist die Situation sehr verunsichernd für das Kind, wird es auf den Arm oder Schoß wollen und sich an die Bindungsperson kuscheln oder lautstark nach Hilfe rufen.
Dieses Verhalten der Kinder lässt sich aktiv beobachten. Ist die **Bindungssicherheit** wiederhergestellt, beruhigt sich das Kind und die Neugierde treibt es wieder an, weiter zu erforschen und zu erkunden.

BAUSTEIN P: Kind als Expert*in

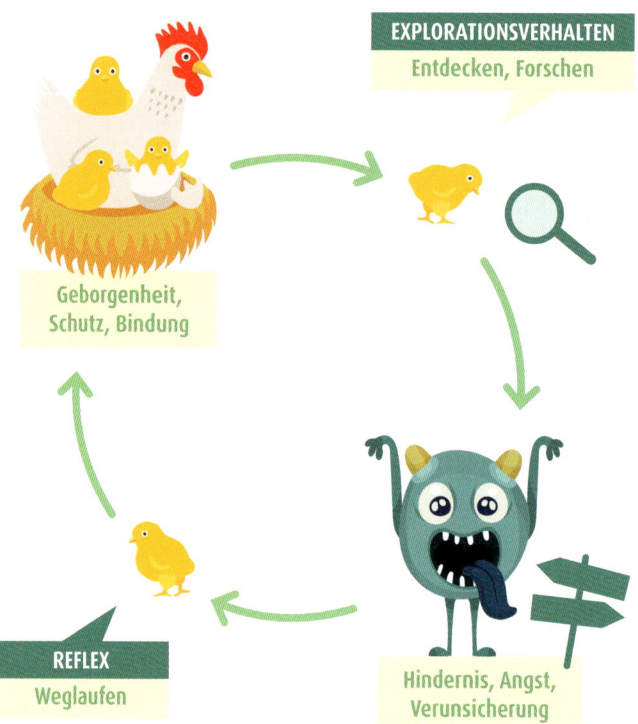

Abb.: Monster © HappyPictures, Henne/Küken © Lunarus – beide: Shutterstock.com

Jede Eingewöhnung muss **individuell** betrachtet werden. Verschiedene Faktoren wirken auf das Verhalten von Eltern und Kind ein, wie beispielsweise Charakter, Vorerfahrungen mit Fremdbetreuung, kultureller Hintergrund, Familiensituation usw. Vor allem wirkt sich die Bindung zwischen Elternteil und Kind entscheidend auf die Art der Eingewöhnung aus. Grob unterteilen lassen sich zwei Bindungstypen: **Sicher gebundene** Kinder und **unsicher gebundene Kinder**.[17]

Sicher gebundene Kinder habe eine emotionale Verbindung zu einer primären Bezugsperson (meist zur Mutter). In dieser Beziehung erfahren sie Schutz, Liebe, Geborgenheit und Nähe. Sie können vertrauen, sich vorwärtswagen, Neues ausprobieren und sich entwickeln, denn da ist jemand, der sich kümmert. Das Kind weiß dies nicht bewusst, sondern es ist tief in ihm verankert. Kommt es in eine Situation, die es ängstigt oder stresst, sucht es sofort den Kontakt oder die **Nähe** seiner Bezugsperson. Denn diese hat es bereits als Zufluchtsort kennengelernt. Eine sichere Bindungsbeziehung ist das wertvollste Gut in Bezug auf die Entwicklung. Die **Sicherheit** im Rücken macht es Kindern leicht, zu forschen, Neues zu testen und zu lernen.

Unsicher gebundene Kinder haben diese Erfahrung nicht oder nicht durchgängig gemacht. Ihre Gefühle wurden nicht richtig interpretiert und/oder darauf wurde nicht reagiert. Sie haben ihre Bezugsperson nicht als sichere Zuflucht erfahren, sondern sind in Stresssituationen auf sich allein gestellt. Innerlich müssen sie auf der Hut sein und können sich deshalb nicht voll und ganz dem Lernen hingeben.

Kinder mit einer sicheren Bindung tendieren dazu, sich während der Eingewöhnung schwerer trennen zu können, und äußern vermehrt ihre Gefühle (z. B. durch weinen), weshalb sie oft eine längere Eingewöhnungszeit benötigen. Dafür sind diese Kinder langfristig gesehen emotional stabiler, zeigen eher Kooperationsbereitschaft und verhalten sich insgesamt ausgeglichener.

Kinder mit einer unsicheren Bindung tendieren eher dazu, sofort zu spielen, sich leicht von ihren Eltern zu trennen und sind zu Beginn umgänglicher. Sie haben gelernt, dass sie allein klarkommen müssen. So sind sie meist schon nach kürzester Zeit eingewöhnt.

[17] Die Unterteilung in sicher und unsicher gebundene Kinder wurde hier nur grob vorgenommen, um für das Thema Bindung zu sensibilisieren. Um einschätzen zu können, ob Kinder sicher oder unsicher gebunden sind, braucht es eine Menge Fachwissen und viele Beobachtungen. Dieses Buch plädiert für eine sanfte Eingewöhnung für jedes Kind, egal wie seine Bindungsmuster sind. Ähnliche Verhaltensweisen, wie hier beschrieben, können auch andere Ursachen haben und müssen nicht zwangsläufig auf unsichere Bindungen hindeuten. Wenn Sie sanft eingewöhnen und das Kind diesen Übergang in seinem Tempo bewältigen lassen, machen Sie alles richtig.

BAUSTEIN P: Kind als Expert*in

In unserer Gesellschaft sind wir noch immer auf Anpassungsverhalten bedacht. Dies lässt glauben, dass es Zeichen einer guten Eingewöhnung ist, wenn das Kind sich schnell von seinen Eltern lösen kann. Die Eingewöhnung wird dadurch scheinbar leichter. Aber der einfache Weg ist nicht unbedingt immer der richtige. Das Kind zeigt durch die leichte Ablösung aus Erwachsenensicht ein erwünschtes Verhalten. Aus der Perspektive der Bindungsforschung ist es jedoch ein positives Signal, wenn Kinder oft die Nähe ihrer Eltern suchen und beim Trennungsversuch weinen und klammern, denn dies deutet auf eine sichere Bindungsbeziehung hin.

Beide Bindungstypen profitieren von einer sanften Eingewöhnung. Bei dem sicher gebundenen Kind wird sein bisheriges Bindungsmuster „Sicherheit" gestärkt. Das unsicher gebundene Kind macht (vielleicht zum ersten Mal) eine gute Bindungserfahrung. Es erlebt, dass da jemand ist, der seine Gefühle ernst nimmt und sich verlässlich kümmert. Dies kann ebenfalls die Bindung zu seinen Eltern stärken, da es das Verhaltensmuster der Pädagog*innen auf Mutter und Vater überträgt und so auch von ihnen mehr Bindungsverhalten erwartet. Außerdem können die Eltern sich an Ihnen ein Vorbild nehmen.

Für beide Bindungstypen kann eine Eingewöhnung im „Hauruck"-Verfahren verheerend sein. Manchmal wirkt es so, als würde die Eingewöhnung nicht funktionieren, stagnieren oder sie dauert den Beteiligten zu lang. Deshalb wird eine Trennung im „Hauruck"-Verfahren vollzogen. Es gibt zwei Gründe für den angeblichen Erfolg dieser Methode. Der erste Grund: Das Kind ist nicht sicher gebunden. Demnach hat es keine oder unverlässliche Bindungserfahrungen gemacht. Deshalb reagiert das Kind nicht mit Bindungsverhalten auf eine Trennung, sondern nimmt diese einfach hin. Es hat gelernt, solche Situationen mit sich selbst auszumachen. Was wie gut angepasstes Verhalten wirkt, ist aber nicht gut für seine Entwicklung, was sich langfristig bemerkbar machen wird.
Der zweite Grund für das Funktionieren dieser Methode ist, dass das Kind aufgibt, was bei sicher gebundenen Kindern zu beobachten ist. Sicher gebundene Kinder, die plötzlich von ihren Eltern getrennt werden, zeigen **Bindungsverhalten**. Je nach Charakter des Kindes geschieht das laut oder leise, z. B. mit Schreien, wütendem Treten oder durch Weglaufen, sich verstecken und innerlichem Rückzug. Es ist nicht möglich, solch ein Kind zu beruhigen, zu trösten oder ins Spiel zu integrieren. Erklärungen aus der Vergangenheit sind: „Das Kind lehnt sich auf und will die Trennung nicht akzeptieren" o. Ä. Man meint, den Willen des Kindes bezwingen zu müssen. Aus der Kindheitsforschung weiß man jedoch, dass das ein **Hilferuf des Kindes** ist. Es muss seine Bindungssicherheit herstellen, um zu lernen und sich entwickeln zu können.

Die **Nestgrafik** (s. S. 78) stellt diese Situation gut dar. In einer unsicheren, stressigen oder beängstigenden Situation beruhigt sich das Kind bei der Bindungsperson im Nest. Nimmt man das Nest aus der Grafik heraus, hat das Kind keine Möglichkeit, sich der Exploration zu widmen, es rennt wie „kopflos" umher in dem verzweifelten Versuch, seine Sicherheit herzustellen.

Kinder, die ihren Gefühlen Ausdruck verleihen dürfen und darin ernst genommen werden, lernen über die Bindungsperson einen Weg, damit umzugehen. Wo die Bindungsperson fehlt, fehlt ein wichtiger Schritt im Lernprozess.
Wendet man das „Hauruck"-Verfahren bei sicher gebundenen Kindern an, so rebellieren sie gegen dieses Vorgehen. Sie lassen sich nicht beruhigen und sind nur sehr schwer zu händeln. Dies hält man einige Zeit aus. Und dann ganz plötzlich hört das Kind auf. Manchmal setzt es sich irgendwo ruhig hin oder spielt sogar. Stolz freut man sich darüber und denkt, das Kind hätte die neue Situation akzeptiert. Doch dem ist nicht so. Da die Bindungsperson nicht kommt und das Sicherheitsgefühl des Kindes nicht wiederhergestellt wird, bleibt der Stresspegel hoch. Dieses Stresslevel kann der Körper nicht lange aufrechterhalten. Deshalb schaltet er in einen Erschöpfungszustand. Die Kinder werden plötzlich ruhig. Das bedeutet, sie haben nicht verstanden, dass Mama weg ist und dann wiederkommt. Sie haben aufgegeben, ihre Sicherheit herzustellen, weil sie den Stress nicht mehr ertragen können. Im Erschöpfungszustand können Informationen vom Gehirn nicht mehr aufgenommen und verarbeitet werden. Es ist untererregt. Dadurch kann keine intensive Exploration stattfinden.

Erschöpfungszustand vermeiden

Sie können den Erschöpfungszustand ganz leicht vermeiden, indem Sie sanft eingewöhnen. Das Kind kann so nach und nach seine neuen Bezugspersonen als Bindungspersonen akzeptieren und diese in Stresssituationen aufsuchen. Lassen Sie das Kind sich in seinem Tempo eingewöhnen, geben Sie ihm die Zeit, die es braucht.
Es akzeptiert eine Person als Bindungsperson, wenn es sich bei ihr beruhigt und ihren Trost annimmt. Können Sie das Kind in kurzer Zeit nicht beruhigen, muss seine elterliche Begleitperson zurückgeholt werden. Aus diesem Grund wartet der Elternteil während der Trennung in einem anderen Raum.

BAUSTEIN P: Kind als Expert*in

Eine feste Bezugsperson bietet dem Kind die Sicherheit, die es benötigt, deshalb sollte jedes Kind eine*n Bezugserzieher*in haben (s. a. Baustein Q, S. 82).

Jedes Kind reagiert anders auf die Eingewöhnung. Doch jedes Kind hat das Recht, seine Eingewöhnung mitzugestalten. Kinder, die diese Möglichkeit bekommen, lernen, mit Stresssituationen umzugehen und diese auch in Zukunft zu bewältigen, weil sie ihre Gefühle ausdrücken können und darin ernst genommen werden. Sie lernen, ihre Gefühle zu regulieren und Übergänge zu meistern.
Niemand muss eine Eingewöhnung künstlich in die Länge ziehen, aber sie sollte auch nicht künstlich verkürzt werden.

Fragen

- Wie ermöglichen wir dem Kind eine möglichst stressfreie Eingewöhnung?
- Wie bleiben wir selbst entspannt während der Eingewöhnung, auch wenn es mal länger dauert?
- Wie können wir Eltern und Kinder in ihrem Bindungsverhalten unterstützen?
- Wie stellen wir sicher, dass Kinder ihre Eingewöhnung mitgestalten können?

TIPP

Kopieren Sie die Grafik auf S. 81 und laminieren Sie sie. Dann können Sie mit den Eltern darauf schauen und überlegen, in welcher Situation sich das Kind aktuell befindet.

Nestverhalten

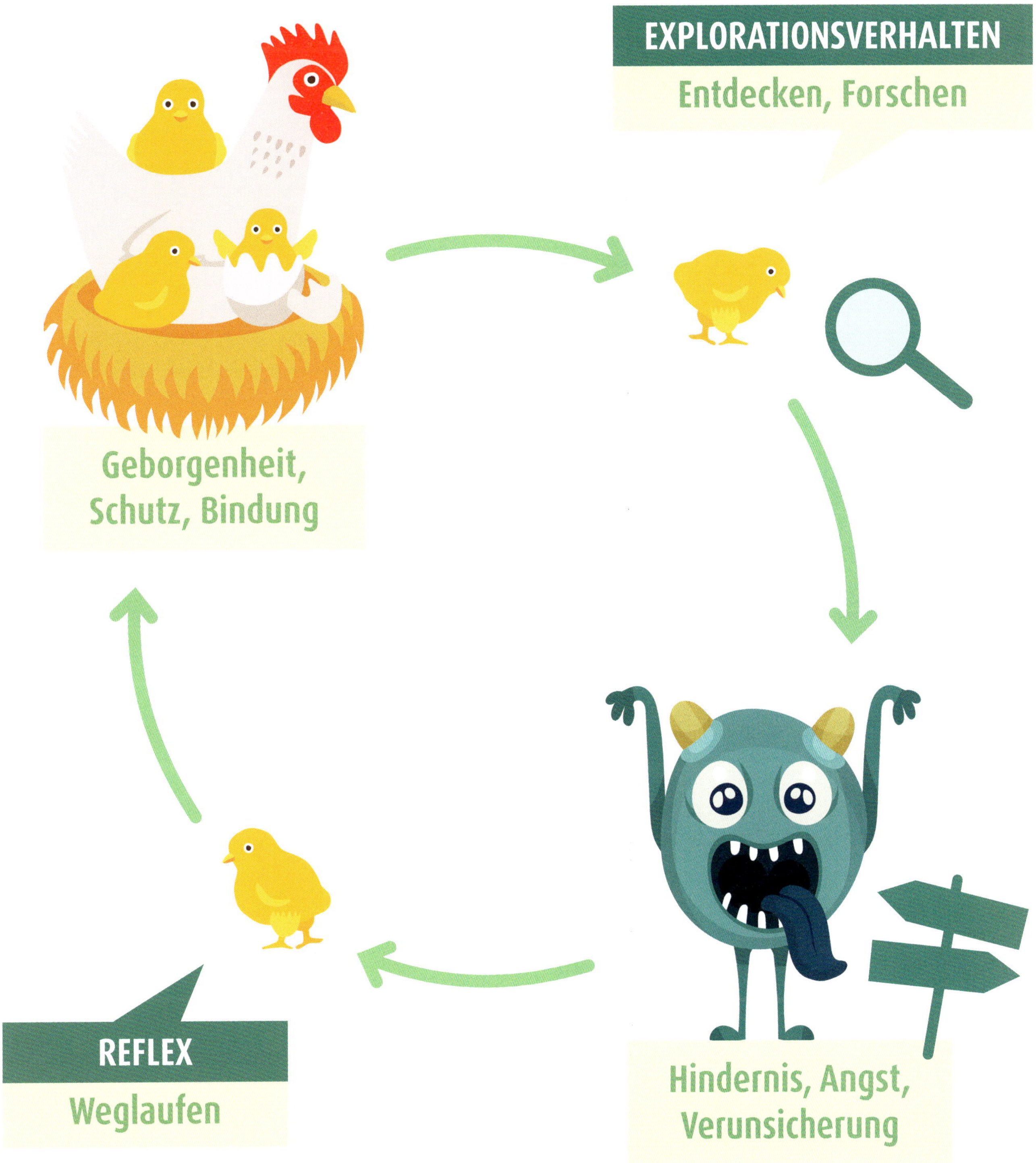

EXPLORATIONSVERHALTEN

Entdecken, Forschen

Geborgenheit, Schutz, Bindung

Hindernis, Angst, Verunsicherung

REFLEX

Weglaufen

BAUSTEIN Q:

Bezugserzieher*in als Expert*in

Führung und Gesprächsführung

Die Vorteile des Bezugserziehersystems wurden bereits im Baustein F (S. 43 f.) erläutert. Als Bezugserzieher*in sind Sie Expert*in für die gesamte Eingewöhnungszeit und darüber hinaus.
Eltern haben eine Doppelrolle: Sie machen selbst einen Übergang durch und müssen gleichzeitig ihr Kind begleiten. Deshalb ist für Eltern die Eingewöhnungszeit genauso wichtig wie für ihr Kind, vor allem wenn es ihr erstes Kind in der Kita ist. Eltern brauchen denselben **sicheren Rahmen** für die Eingewöhnung wie ihr Kind. In diesem Fall sind Sie die sichere Basis für die Eltern.

Fallbeispiel

In der Zeit vor der Eingewöhnung gab es in der orangefarbenen Gruppe (Alter: 0–6 Jahre) zwei Jungen, die ständig in einen körperlichen Konflikt gerieten. Je mehr die Erzieher*innen eingriffen, desto schlimmer wurde es. Deswegen vereinbarte man im Team, dem Drang der Jungen nachzugeben und sie gewähren zu lassen und erst einzuschreiten, wenn jemand ernstlich verletzt werden könnte. Dazu beobachteten die Erzieher*innen die Jungs gezielt aus geringer Entfernung. Plötzlich wurden die Kampfsituationen der Jungen weniger. Sie fanden immer öfter selbst Lösungen für ihre Auseinandersetzungen.
Während der Eingewöhnung geschah es, dass besagte Jungs wieder in einen Konflikt gerieten. Erzieherin Petra bemerkte, wie die Eingewöhnungsmutter auf ihrem Stuhl hin und her rutschte und unruhig auf ihre einjährige Tochter blickte, dann zu den kämpfenden Jungs ein paar Meter daneben und zurück zu ihrer Tochter. Die Tochter war in ihr Spiel vertieft. Petra setzte sich zu der Mutter, da sie als Bezugserzieherin für die Eingewöhnung verantwortlich war. Sie wusste, dass ihre Kollegin, die für die Gruppe verantwortlich war, die Situation unter Kontrolle hatte. „Schauen Sie hin, was passiert", ermutigte sie die Mutter. „Sehen Sie meine Kollegin?" Die Mutter bejahte es. „Meine Kollegin kennt die Situation, sie passt auf, dass Ihrer Tochter nichts passiert." Petra war selbst gespannt, wie die Situation weitergehen würde. Es dauerte nicht lange, da hörte der Kampf so plötzlich auf, wie er begonnen hatte. Die Jungs lachten.
„Ich hätte nicht gedacht, dass die beiden aufhören, ohne jemanden zu verletzen", gestand die Mutter. Petra erzählte der Mutter, dass sie ähnlich gedacht hatte. Doch ihre Kollegin und sie hatten aufgrund ihrer Beobachtungen eine andere Erfahrung gemacht. Sie versicherte der Mutter, dass alle Erzieher*innen sich bemühen, in solchen Situationen die Kinder zu beschützen, aber dass Konflikte dazugehören und dass die Kinder lernen sollen, auch selbst Lösungen dafür zu finden.
In einem späteren Entwicklungsgespräch berichtete die Mutter, dass das der Moment war, in dem sie wusste, dass ihre Tochter im Kindergarten gut aufgehoben ist. Da sie merkte, dass Petra und ihre Kollegin die Kinder kennen und sie beobachten und dann entsprechend reagieren. Sie verstand, dass ihre Tochter auch solchen Situationen ausgesetzt sein wird, aber dass die Erzieherinnen ihr Bestes geben, für sie da zu sein.

Das Gespräch ist dabei die Methode der Wahl. Im Gespräch werden Ängste und Sorgen sichtbar und man kann auf sie eingehen. Eltern fühlen sich in einer Kita eher als Gast, während Sie dort bereits vertraut sind. Also verhalten sich Eltern meist wie Gäste, sie warten, bis ihnen etwas zu trinken oder ein Platz angeboten wird. Und oft warten sie auch damit, etwas anzusprechen. Deshalb sollten Sie aktiv **Gespräche initiieren** und eröffnen. Richten Sie den Eltern „Gesprächsräume" ein. Ermutigen Sie sie, etwas zu erzählen, indem Sie selbst etwas aus Ihrem Kita-Alltag erzählen, indem Sie aktiv zuhören und vor allem, indem Sie Fragen stellen.

Möglichkeiten und Zeitpunkte, um Gesprächsräume zu schaffen sind:
- ➜ Bring- und Abholzeiten
- ➜ Tür- und Angelgespräche
- ➜ Feste und Feiern
- ➜ Elternsprechtage
- ➜ ...

Suchen Sie das Gespräch mit den Eltern, so oft es geht.

BAUSTEIN Q: Bezugserzieher*in als Expert*in

Die Rollen des*der Bezugserzieher*in

- → Gastgeber*in, der*die dafür sorgt, dass Eltern und Kind sich wohlfühlen
- → Begleiter*in, der*die Mutter und Kind behutsam mit der neuen Welt vertraut macht
- → Ansprechpartner*in, der*die offen für Fragen, Anliegen und Sorgen ist
- → Berater*in, der*die hilfreiche Tipps gibt
- → Brückenbauer*in, der*die Mutter und Kind Brücken von einer Situation zur nächsten baut

Eingewöhnung erklären

Eltern müssen den Prozess und die Gründe für die Eingewöhnung erstmal selbst verstehen. Dann fällt es ihnen leichter, das Kind loszulassen und Ihnen anzuvertrauen.
Eltern können unterschiedlich zur Eingewöhnung stehen. Das kann z. B. am kulturellen oder sozialen Hintergrund liegen (s. a. Sonderkapitel Inklusion/Sprachbarrieren/Migrationshintergrund S. 109 f.).

Darum sind drei Arten von Informationen für Eltern relevant:

1. **Strukturelle Informationen:** Wie läuft die Eingewöhnung ab? Was muss ich beim Bringen und Abholen im Kindergarten beachten?
2. **Inhaltliche Informationen:** Warum ist Eingewöhnungszeit wichtig? Was passiert mit meinem Kind, wenn ich nicht da bin?
3. **Informationen über ihre Rolle:** Wie verhalte ich mich während der Eingewöhnung? Wie verhalte ich mich im Kindergarten?

Einige Sachverhalte werden den Eltern erst mit der Zeit und im praktischen Alltag klarer. Die innere Unruhe und Unsicherheit von Eltern kann sich auf das Kindergartenumfeld übertragen, vor allem, wenn sie nicht wissen, wie sie sich verhalten sollen. Letztlich lässt sich die Eingewöhnung den Eltern nicht nur rein theoretisch vermitteln. Sie müssen es selbst erfahren und erleben.

Bindung zum Kind aufbauen

Bindung und Beziehung zu einem Kind entsteht aus einem Muster von Aktion und Reaktion.

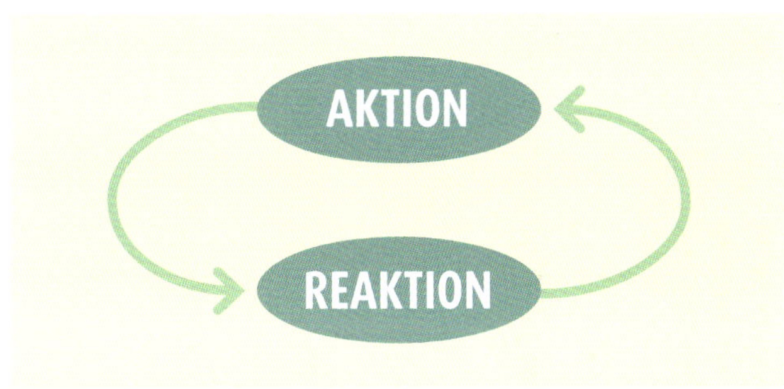

Die Reaktion muss direkt auf die Aktion des Kindes erfolgen. Normalerweise ist es die Mutter, die reagiert und agiert. Wenn das Kind die Erfahrung macht, dass im Kita-Kontext Sie zuerst reagieren und agieren und es Vertrauen zu Ihnen hat, wird es Sie in den Kreis seiner Bezugspersonen aufnehmen. Die Bezugsfachkraft muss nah beim Kind sein, damit sie auch sofort reagieren kann. Reicht diese Reaktion nicht aus oder wird sie noch nicht vom Kind akzeptiert, dann übergibt sie an die Mutter. Das Kind bekommt dort die Sicherheit, die es braucht. Es kann sich auf den*die Bezugserzieher*in verlassen, weil diese es sofort an die Person, die das Kind in der Eingewöhnung begleitet, übergibt. Vertrauen entsteht durch eine zugewandte und feinfühlige Interaktion. Das bedeutet, sich offen auf das Gegenüber einzulassen und nichts zu erzwingen. Schenken Sie dem Kind die ungeteilte Aufmerksamkeit, spielen Sie gemeinsam und antworten Sie angemessen auf seine Signale. Begegnen Sie ihm mit Geduld, Respekt und Zutrauen.

BAUSTEIN Q: Bezugserzieher*in als Expert*in

Wir brauchen **Beziehungen**, ohne Beziehung sind wir nicht lebensfähig. Beziehung setzt Vertrauen voraus. Und vertrauen kann man nur, wo man sich sicher fühlt.

Ziele der Eingewöhnung sollten aus Sicht des*der Bezugserzieher*in sein:

- Das Kind vertraut mir.
- Das Kind fühlt sich im Kindergarten sicher.
- Das Kind hat Beziehungen aufgebaut.
- Die Eltern vertrauen mir. Sie können sich mit Sorgen und Ängsten an mich wenden.

Kinder sind sehr feinfühlig und orientieren sich deshalb mehr an Emotionen als an Inhalten. Sie spüren also genau, ob die Qualität der Beziehung stimmt.

Fragen

- Wie kann ich als Bezugserzieher*in Vertrauen aufbauen?
- Wie kann ich als Bezugserzieher*in den Eltern Sicherheit schenken?
- Was tun wir, um allen Eltern Informationen aus den o.g. drei Bereichen (S. 83) zu vermitteln?
- Wo richten wir Eltern Gesprächsräume ein? Wo können wir weitere Gesprächsräume einbauen?

BAUSTEIN R: Eltern als Expert*innen

Die Familie ist der Schutzort der Kinder. Selbst Kinder, die vernachlässigt oder sogar misshandelt werden, verteidigen ihre Eltern meist bis aufs Blut. Sie sind mit ihrer Familie untrennbar verbunden. Darum ist es wichtig, dass nicht negativ über die Familie oder eines der Mitglieder geredet wird. Respektieren sich Eltern und Fachkräfte, fördert das die Bindungsbeziehung zum Kind. Wollen Sie eine gute Bindung zum Kind, dann ist der einfachste Weg, seine Eltern wertzuschätzen. Das funktioniert auch umgekehrt: Möchten Sie, dass die Eltern Sie respektieren, dann wertschätzen Sie das Kind.

Eltern sind die Expert*innen der Kinder. Sie kennen ihr Kind von Geburt an und verstehen die typische „Sprache" des Kindes, die sich nicht nur in Lauten und Worten äußert, sondern auch in Verhaltensweisen, Mimik, Gestik und Handlungsabläufen.

Fallbeispiel

Hannah (2 Jahre) will sich partout nicht setzen. Ihre Mutter weiß sofort, warum: Sie hat ein Geschäft in die Windel gemacht.

Auch für Eltern ist die Eingewöhnung **Bildungszeit**. Während sie die ersten Tage beobachtend in der Einrichtung verbringen, lernen sie nicht nur etwas über ihr Kind, sondern auch darüber, wie ein Kindergartentag abläuft, welche Vorteile und Herausforderungen er birgt, und sie lernen einiges über Kinder im Allgemeinen. Sie erleben, dass andere Kinder auch aktiv sind, sich gern bewegen. Sie erfahren, dass Kinder sich untereinander Dinge beibringen können und dass sie in der Lage sind, Probleme allein zu lösen.

Bei der Eingewöhnung liegt der Fokus meist so weit auf dem Kind, dass die Eltern und ihre besondere Situation gar nicht beachtet werden. Allerdings hat die Zusammenarbeit mit den Eltern eine Auswirkung auf die pädagogische Arbeit mit dem Kind. Wenn Pädagog*innen und Eltern gemeinsam das Kind in seiner Entwicklung unterstützen, kann es besser lernen, als wenn beide in entgegengesetzte Richtungen arbeiten und damit das Kind verwirren.

Fragen

- Nehmen wir die Eltern als Expert*innen wahr? Warum oder warum nicht?
- Wie können wir Eltern in ihrer Expert*innenrolle unterstützen und wertschätzen?
- Welche Ideen haben wir, um Eltern in der Eingewöhnungszeit mit einzubeziehen?

Beobachtung ist eine Form, um Eltern einzubeziehen. Im nächsten Baustein lesen Sie mehr dazu.

BAUSTEIN S:

Beobachtungen

Sabine Hebenstreit-Müller, Autorin und Direktorin des Pestalozzi-Fröbel-Hauses in Berlin, besteht auf das Recht jedes Kindes, beobachtet zu werden.[18]

Beobachtung und eine damit einhergehende Wahrnehmung und Wertschätzung betrifft mehr als die Entwicklungsdokumentation. Beobachtung hilft, **Beziehung aufzubauen**, und gilt daher als pädagogische Grundhaltung. Die Bezugsfachkraft nimmt sich die Zeit, das Kind intensiv wahrzunehmen, erkennt es als Experten seiner eigenen Entwicklung und damit auch als Expert*innen seiner eigenen Eingewöhnung an (s. Baustein P, S. 77 ff.). Durch eine Dokumentation werden gemachte Beobachtungen nutzbar gemacht.

Beobachtung vermittelt: „Du bist es wert, beachtet zu werden."

Geben Sie den Eltern als Experten ebenfalls die Gelegenheit, zu beobachten. Hierfür sprechen einige Argumente:

- ➜ In der Rolle des Beobachtenden können sie in ihrer Expertenrolle, nämlich als Expert*in des Kindes, zum Gelingen der Eingewöhnung beitragen.
- ➜ Der Aufmerksamkeitsfokus der Eltern wird weggelenkt von möglichen Sorgen hin zu den Chancen der Eingewöhnung und einem positiven Blick auf ihr Kind.
- ➜ Die Eltern fühlen sich wertgeschätzt, weil sie einbezogen werden. Sie erfahren, dass sie zum Gelingen der Eingewöhnung beitragen können.
- ➜ Die Eltern erleben, wie ihr Kind im Kita-Alltag zurechtkommt.
- ➜ Eltern erhalten Einblick in Ihre pädagogische Arbeit.
- ➜ Die Eltern sollten zu 100 Prozent mit ihrer Aufmerksamkeit bei ihrem Kind bleiben und nicht abgelenkt werden, z. B. durch ihr Handy.
- ➜ Sie als Fachkraft können aus diesen Beobachtungen wichtige Hinweise und Erkenntnisse für Ihre Arbeit bekommen.

Eine Beobachtung seitens der Eltern macht dann besonders Sinn, wenn Sie als Bezugserzieher*in mit dem Kind beschäftigt sind und die Eltern am Rand dem Kind als „sicheres Nest" zur Verfügung stehen. Die Beobachtung sollte nicht die ganze Aufmerksamkeit der Eltern beanspruchen, sondern sie darin unterstützen, aufmerksam ihrem Kind zu folgen.

Fragen

- Welche Bedeutung und welchen Stellenwert hat Beobachtung für uns?
- Was, wann und wie beobachten wir während der Eingewöhnung?
- Können wir Eltern in die Beobachtungen mit einbeziehen?

Kopiervorlagen zum Ausfüllen für Beobachtungen von Ihnen und seitens der Eltern finden Sie auf den folgenden Seiten.

[18] Vgl. Hebenstreit-Müller 2007, S. 23.

Beobachtung während der Eingewöhnung

Datum/ Eingewöhnungstag	Eingewöhnungs-phase im Modell	Wichtigste Beobachtungen	Beobachtungen/ Informationen der Eltern	Absprachen/ Sonstiges

Verhalten des Kindes

	Tag der Eingewöhnung											
Verhalten	sucht Blickkontakt zu Mutter/Vater											
	streckt Mutter/Vater die Hände entgegen											
	möchte auf den Arm/Schoß											
	ruft die Mutter/den Vater											
	weint											
	schreit/kreischt											
	wirft sich auf Boden/klammert											
	entfernt sich von Mutter/Vater											
	zeigt Interesse an Kindern											
	zeigt Interesse am Material											
	zeigt Interesse an Pädagog*innen											
	kommuniziert mit Kindern											
	kommuniziert mit Erzieher*innen											
	spielt/beschäftigt sich											
	kennt Tagesablauf/Rituale											
	weiß, wo es etwas findet											
	kennt Personen mit Namen											
	imitiert andere Kinder											

Was Eltern beobachten können

Tag 1

Womit spielt mein Kind?

....

Was zieht seine Aufmerksamkeit auf sich? Was findet es besonders faszinierend?

....

Tag 2

Für wen und/oder was interessiert es sich?

....

In welchen Momenten braucht es mich/meine Aufmerksamkeit?

....

Tag 3

Was schafft es schon gut allein?

....

Wo benötigt es Unterstützung?

....

Tag 4

Was gefällt mir besonders gut am Handeln der Erzieher*innen?

....

Was gefällt mir am Handeln der Erzieher*innen nicht?

....

Wie könnten sie es besser machen?

....

Durch das Beobachten meines Kindes habe ich gelernt ...

....

Was wünsche ich mir für die nächsten Tage der Eingewöhnung?

....

....

Beobachtung Trennungsphase

Füllen Sie den Bogen nach dem Trennungsversuch aus, wenn Elternteil und Kind sich verabschiedet haben.

1. Trennungsversuch (oder weitere, wenn die erste Trennung noch nicht geklappt hat):

Wann war der Trennungsversuch?	
Wie lange hat die Trennung ca. gedauert?	

Wie haben Bezugsperson und Kind sich verabschiedet?

....

Wie hat das Kind auf die Trennung reagiert?

....

Hat das Kind die Fachkraft als neue Bezugsperson akzeptiert? ◯ ja ◯ nein

Woran konnte man das erkennen?

....

....

Kann am nächsten Tag erneut eine Trennung vollzogen werden?	◯ ja	Wenn ja, wie lange?
	◯ nein	Wenn nein, wann frühestens das nächste Mal?

Notizen:

....

....

Dokumentation für weitere Trennungen:

Datum	Dauer der Trennung und ggf. Anmerkung

© Verlag an der Ruhr | Autorin: R. Behrendt | ISBN 978-3-8346-4399-5 | www.verlagruhr.de
Abb.: Herz-Logo © Gembuls – Shutterstock.com

BAUSTEIN T:
Vor der ersten Trennung

Die Tage vor der Trennung haben **mehrere Ziele**:
- die Beziehung zum Elternteil ausbauen
- die Beziehung zum Kind weiter gestalten
- dem Kind einen sicheren Rahmen geben
- das Kind in seinem Forscherdrang unterstützen
- Beobachtung des Kindes

Dabei übernimmt der*die Bezugserzieher*in nach und nach die Aufgaben der Mutter.

Je näher die Aufgaben am Körper des Kindes liegen, desto länger sollten sie von der Mutter durchgeführt werden. Berührungen, die das Kind nicht mag, sollten zum Schluss übernommen werden, z. B. Naseputzen. Die Übernahme der Aufgaben gilt immer im Hinblick auf das Kind und sein Wohlbefinden.

Besonders in diesen Tagen ist eine genaue **Beobachtung** wichtig. Mit der Kopiervorlage „Nestverhalten" (Baustein P, S. 77 ff.) im Hintergrund können Sie schauen, wie das Kind reagiert: Wann und wie oft braucht es seine Begleitperson? Zieht es allein los? Welche Situationen verunsichern es und was veranlasst das Kind, Zuflucht zu suchen? Zeigt es Bindungsverhalten? Welche Art von Bindungsverhalten? Was sind bereits kleinste Signale des Kindes? Im Baustein S (S. 88) ist eine Kopiervorlage dazu.

Wie viele Tage bis zur ersten Trennung vergehen, hängt von verschiedenen Faktoren ab, z. B. nach welchem Eingewöhnungsmodell Sie sich richten. Generell ist es immer besser, sich **mehr Zeit** einzuplanen. Die These, das Kind gewöhne sich an die Präsenz eines Elternteils, wenn dieser lange in der Einrichtung bleibe, ist nicht haltbar. Das Gegenteil ist der Fall: Je länger die Bezugsperson anwesend ist, desto mehr Sicherheit und Vertrauen kann das Kind entwickeln und sich deshalb leichter lösen. Allerdings kann eine lange Eingewöhnungszeit für die Eltern und Sie in der Gruppe anstrengend sein. Es gibt auch Kinder, die sich leicht lösen können und für die es wenig Sinn macht, die Eingewöhnung künstlich in die Länge zu ziehen.
Bleiben Sie im Gespräch mit den Eltern und im Kontakt mit dem Kind.

Schauen Sie sich dazu das Bild der Waage an:

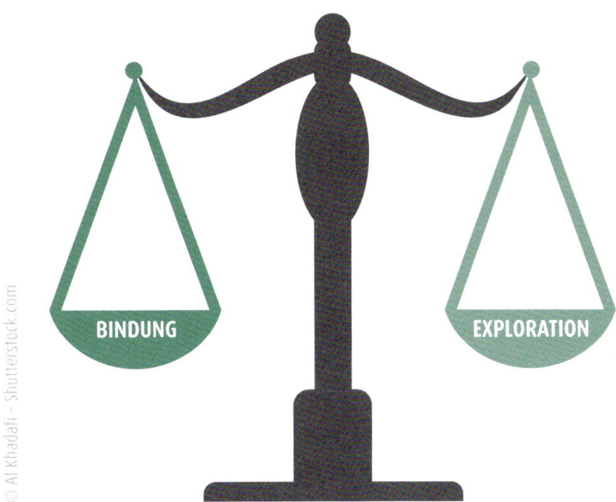

Das Kind kommt in eine **neue Umgebung** mit fremden Menschen und eigenen Regeln und Verhaltensweisen. Das bedeutet, dass die Explorationswaagschale bereits mit neuen Eindrücken gefüllt ist.
Je nach Charakter, Bindungserfahrungen und Tagesverfassung wird das Kind auf die Füllung dieser Waagschale freudig reagieren, indem es alles erkundet oder aber schüchtern bei der Bezugsperson bleiben. Durch sein Verhalten zeigt es deutlich, was es braucht.
Das Kind hat verschiedene Möglichkeiten, sich **selbst** seine **Explorationswaagschale** zu füllen, wenn der Rahmen es zulässt. Allerdings kann es sich nicht selbst Schutz, Nähe und Sicherheit geben. Um Bindungssicherheit herzustellen, benötigt es eine Bindungsperson. Zu Beginn ist dies die Mutter/dem Vater (oder die Person, die das Kind in die Einrichtung begleitet) und mit der Zeit wird optimalerweise der*die Bezugserzieher*in in den Kreis der Bindungspersonen aufgenommen. Dann kann auch sie diese Waagschale füllen.

BAUSTEIN T: Vor der ersten Trennung

Manche Kinder treibt anfangs ihre Neugierde sehr stark an. Alle Erwachsenen denken, dass es eine einfache Eingewöhnung wird, bis die Stimmung beim Kind plötzlich kippt oder ein anderes Verhalten auftritt, das nicht selten zu beobachten ist. Die Eingewöhnung ist nach drei Wochen abgeschlossen und auf einmal zeigt das Kind Trennungsschmerz.

Das hängt damit zusammen, dass das Kind so sehr damit beschäftigt war, die neue Umgebung zu entdecken, dass es den Prozess der Eingewöhnung und der Bindung nicht richtig vollzogen hat. Das Kind fordert nun nachträglich die Bindung ein. Auch wenn Sie sich wundern, weil vorher scheinbar alles in Ordnung war, gehen Sie auf das Bindungsbedürfnis des Kindes unbedingt nachträglich noch ein. Es ist eventuell notwendig, die Begleitperson auch nach der Eingewöhnung zu bitten, noch ein paar Tage dabeizubleiben. Meist reichen schon ein bis zwei Tage und die Situation entspannt sich wieder.

Besser wäre, wenn Sie von Beginn der Eingewöhnung darauf achten, die Bindungsschale des Kindes zu füllen, mit ihm in Beziehung zu treten und Kontakt aufzunehmen. Geben Sie Nähe und Sicherheit. Auch wenn das Kind diese nicht einfordert (siehe dazu Kopiervorlage Waage, S. 93).

TIPP

Nutzen Sie das Bild der Waage, um den Eltern das Verhältnis von Bindung und Exploration zu erklären und sie auf die Eingewöhnung vorzubereiten.
Wenn Sie eine richtige Waage mit Waagschalen besitzen, können Sie diese zur Veranschaulichung nutzen.

Fragen

- Wie gestalten wir die Zeit vor der Trennung?
- Wie unterstützen wir Eltern dabei, ihre Rolle als Bindungsperson wahrzunehmen?
- Wie können wir dem Kind eine verlässliche Vertrauensperson werden?

Ein kurzer Hinweis:
In unserer westlichen Welt sind wir geprägt vom Leistungsdenken, sodass wir vielleicht meinen: Ein gutes Zeichen ist es, wenn das Kind sich leicht von seinen Eltern lösen kann. Die Eingewöhnung ist dann einfacher. Das ist also eine „gute Leistung". Aus der Perspektive der Bindungsforschung ist es jedoch völlig in Ordnung, wenn Kinder klammern und sich schlecht von ihren Eltern lösen können, da es auf eine sichere Bindungsbeziehung hindeutet. Sichere Bindung wirkt sich positiv auf die Entwicklung aus. Das bedeutet, dass die Eingewöhnung zwar länger dauert, aber langfristig gesehen der Umgang mit den Kindern leichterfällt, da sie sozial-emotional stabiler sind.

Waage

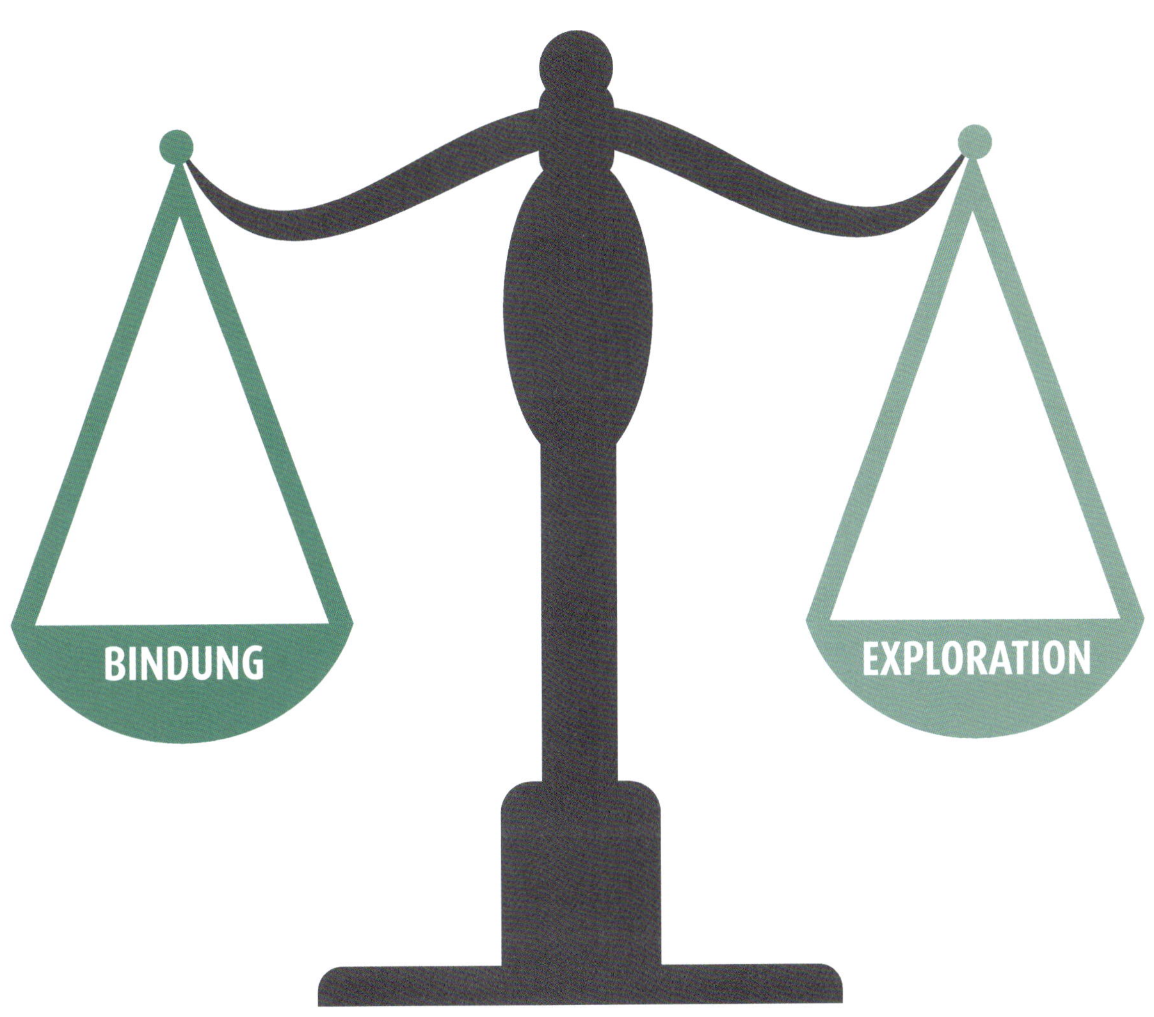

Die eine Schale steht für:

Bindung,
Sicherheit,
Geborgenheit,
Nähe,
Verlässlichkeit
und Schutz.

Die andere Schale steht für:

Erkunden,
Entdecken,
Exploration,
Neugier,
neue Eindrücke
und Lernen.

BAUSTEIN U:

Tag der ersten Trennung

Trennung vorbereiten

Die erste Trennung sollte wohlüberlegt sein. Verzichten Sie auf spontanes Ausprobieren.
Ideal ist es, wenn die Kita kein fremder Ort mehr für das Kind ist. Ein guter Indikator ist auch, dass das Kind sich an den*die Bezugserzieher*in wendet, ihm*ihr gegenüber seine Gefühle ausdrückt und mit anderen Kindern in Kontakt tritt.

Wenn Kinder vertrauen, geht es meist um ihr Leben. Die Eltern sind für sie existenziell. Je jünger das Kind und je stärker die Bindung ist, desto stärker ist die existenzielle Verbindung zu den Eltern. Denn durch sie kommt körperliche, geistige und seelische Versorgung. Kinder im jüngeren Alter haben nicht den Weitblick und auch **kein Zeitgefühl**. „Mama ist jetzt weg", bedeutet für sie, für immer weg. Für sie kann die Trennung sich anfühlen, als wäre die Mutter tot. Je älter das Kind, desto mehr wird es diesen Weitblick bekommen und es kann verstehen, dass die Mutter weggeht und später wiederkommt. Jüngere Kinder können das nicht verstehen und auch nicht lernen, sie können es nur erfahren. Sie müssen die Erfahrung machen, dass die Kita ein sicherer Ort ist, an dem auf ihre Bedürfnisse sofort reagiert wird und dass die Mutter wiederkommt.

Die erste Trennung kann für die Eltern zur **Herausforderung** werden.
Manchmal fällt den Eltern dieser Schritt schwerer als dem Kind. Besonders Mütter sind aufgrund der hohen Bindungsbeziehung betroffen. Eltern können ihr Kind auch überschätzen bzw. haben den Wunsch, dass das Kind es gut schafft oder scheuen selbst den Trennungsschmerz. Wenn Sie das Gefühl haben, dass das der Fall ist, gehen Sie mit den Eltern dazu ins **Gespräch**.
Besprechen Sie Trennungen immer mit den Eltern. Dieser Schritt muss in ihrem Sinne sein und sie müssen sich damit gut fühlen, nur so können sie dem Kind vermitteln:

- ➜ Es ist in Ordnung, dass ich gehe.
- ➜ Du bist hier gut aufgehoben.
- ➜ Ich komme bald wieder.

Die Zeit der Eingewöhnung und der Zeitpunkt der Trennung muss sich an dem Kind und seinen Eltern orientieren, denn nur so kann eine Trennung gelingen.

Verabschiedung

Führen Sie die „aktive Verabschiedung" ein. Sich einfach hinauszuschleichen oder das Kind anzuschwindeln, ist alles andere als bindungsfördernd. Ja, es kann länger dauern, eine stabile Bindung aufzubauen und dem Kind die Sicherheit zu geben, die es braucht. Aber langfristig gesehen, stärkt aktive Verabschiedung das **Vertrauen** des Kindes in seine Eltern und in Sie. Aktive Verabschiedung bedeutet, einen verlässlichen Rahmen zu schaffen, wie es in Zukunft im Kindergartenalltag sein wird.
Überlegen Sie gemeinsam mit den Eltern, wie Sie die **Verabschiedung gestalten** können. Einige Kinder brauchen ein festes Ritual, andere lieben die Abwechslung. Die Eltern können dem Kind Übergangsobjekte dalassen oder beispielsweise ihre Jacke oder Tasche, als Signal: „Ich komme wieder."
Nach der Verabschiedung verlassen die Eltern zügig den Raum, egal wie das Kind reagiert, und bleiben in der Nähe, bis die vereinbarte Zeit vorbei ist. Je nach Alter und Situation des Kindes sollte die **erste Trennung** höchstens 10–30 Min. betragen.

BAUSTEIN U: Tag der ersten Trennung

Gelungene/misslungene Trennung

Für alle ist es am entspanntesten, wenn die erste Trennung gleich gelingt, das Kind freudig seine Mutter begrüßt, nicht weint und sogar noch bleiben möchte. Aber das ist nicht immer der Fall und das ist völlig in Ordnung.

Ist die Trennung gelungen, gehen Sie sicher, dass die Trennung für alle Beteiligten als gelungen angesehen wird. Erst wenn alle mit der Trennungssituation gut umgehen können, sollten weitere Trennungen durchgeführt werden. Im Zweifel ist mehr Zeit immer die Lösung.

Bei oder nach der Verabschiedung zeigen manche Kinder Trennungsschmerz. **Trennungsschmerz** darf sein. Es gibt jedoch einen deutlichen Unterschied zwischen Trennungsschmerz und Panik. Ein Kind, das Abschiedsschmerz hat, hört innerhalb weniger Minuten aufgrund des Trostes durch die Bezugsperson in der Kita auf zu weinen und beruhigt sich langsam.
Ein Kind, das sehr lange protestiert und auf die Beruhigungsversuche nicht reagiert, hat **Panik** (vgl. Baustein P, S. 77 ff.). In diesem Fall müssen Sie die Begleitperson zurückholen. Eine weitere Trennung sollte dann frühstens nach ein bis zwei Tagen erneut durchgeführt werden. Das Kind muss erst sein Sicherheitsgefühl zurückerlangen und die Bindungsbeziehung zum*zur Bezugserzieher*in intensivieren.

Achten Sie darauf, dass Sie den Trennungsvorgang gut abschließen, egal wie die Trennung verlaufen ist. Das bedeutet, Kind und Elternteil bekommen die Gelegenheit, sich ausgiebig zu **begrüßen**.
Erzählen Sie den Eltern, wie das Kind reagiert hat, wie es die Trennung gemeistert hat und was es während dieser Zeit getan hat. Kleinigkeiten können hier schon eine große Wirkung haben. Besprechen Sie mit den Eltern, wie es am nächsten Tag der Eingewöhnung weitergeht (s. Baustein N, S. 70 ff.). Dann verabschieden Sie sich von dem Elternteil und dem Kind.

Fragen

- Wie gestalten wir Trennungssituationen?
- Was können wir daran verändern oder verbessern?
- An welchen Merkmalen unterscheiden wir zwischen Trennungsschmerz und Panik?
- Wie können wir Eltern bei der „aktiven Verabschiedung" unterstützen?

BAUSTEIN V:
Elterngespräch, Abschluss und Reflexion

Wenn Sie während der Eingewöhnungszeit im intensiven Austausch mit den Eltern waren, wird Ihnen dieses Abschlussgespräch leicht von der Hand gehen. Im eigentlichen Sinne ist es nicht das Abschlussgespräch, sondern das Startgespräch hin zu einer Reihe partnerschaftlicher Gespräche, bis das Kind die Einrichtung verlässt.
An dieser Stelle können Sie auf letzte Fragen, Ängste und Sorgen der Eltern antworten und in die Erziehungspartnerschaft überleiten. Die Eltern haben erste Einblicke in den Kindergartenalltag und Ihre Arbeit bekommen. Schließen Sie die Eingewöhnung nun offiziell mit einem Gespräch ab.

Manche Eltern haben immer noch im Kopf, dass es sich um etwas Unangenehmes handelt, wenn man zu einem Gespräch gebeten wird. Viele haben schlechte Erfahrungen mit Elterngesprächen, z. B. während ihrer eigenen, Schulzeit gemacht. Darum ist es gut, wenn sie jetzt eine **neue Erfahrung** machen.
Die Erfahrung, dass ...

- → es um den partnerschaftlichen Austausch auf Augenhöhe geht,
- → es wichtig ist, was sie denken,
- → Ihnen ihr Kind wichtig ist,
- → Sie zusammen im Sinne des Kindes agieren,
- → Sie offen für Fragen, Sorgen und Ängste sind.

In der Kopiervorlage auf S. 97 finden Sie einen Fragebogen, den Sie die Eltern ausfüllen lassen und als Gesprächsleitfaden für das Abschlussgespräch nutzen können. Greifen Sie auch zurück auf die Kopiervorlage „Checkliste zur Gesprächsvorbereitung" (Baustein C, S. 36).

Fragen

- Worüber möchten wir uns mit den Eltern zum Ende der Eingewöhnung austauschen?
- Wie können uns Ideen, Anregungen und Vorschläge der Eltern bezüglich der Eingewöhnung helfen?
- Wie gestalten wir die Erziehungspartnerschaft nach der Eingewöhnung weiter?

Reflexionsfragebogen für Eltern

Das haben wir während der Eingewöhnung positiv erlebt:

....

Das war unsere größte Herausforderung:

....

Das fiel unserem Kind leicht:

....

....

Das fiel unserem Kind schwer:

....

....

Das fiel uns leicht:

....

....

Das fiel uns schwer:

....

....

Wie ist dem*der Bezugserzieher*in der Beziehungsaufbau gelungen? Was hat uns daran gefallen?

....

Davon hätten wir uns mehr gewünscht:

....

Wir freuen uns, dass unser Kind in der ....-Gruppe ist, weil ...

....

Über die Einrichtung fühlten wir uns

◯ sehr gut informiert ◯ ausreichend informiert ◯ uns fehlten Informationen, und zwar:

....

Über die Eingewöhnung fühlten wir uns

◯ sehr gut informiert ◯ ausreichend informiert ◯ uns fehlten Informationen, und zwar:

....

In der Eingewöhnung fühlten wir uns ◯ gut begleitet, weil ...

....

◯ nicht gut begleitet, weil ...

....

Die Dauer der Eingewöhnung empfanden wir:

◯ genau auf unsere Situation zugeschnitten ◯ zu kurz ◯ zu lang

Das würden wir neuen Eltern vor der Eingewöhnung raten:

....

....

BAUSTEIN W:

Abschluss in der Gruppe

Jede Gruppe hat ihre eigene Dynamik und wird geprägt und beeinflusst durch alle zugehörigen Personen. In der Zeit während der Eingewöhnung und auch danach müssen die Kinder ihre **Rollen und Positionen in der Gruppe** neu finden. Eine weitere Aufgabe ist es, den Abschiedsschmerz, der durch das Verlassen der Vorschulkinder entsteht, zu überwinden.

Das Gefühl, zu einer Gruppe zu gehören, hat einen erheblichen Vorteil für die pädagogische Arbeit. Je mehr ein Mensch sich angenommen und zugehörig fühlt, desto eher ist er bereit, sich in eine Gruppe einzuordnen. Je mehr Kinder sich mit der Einrichtung, ihrer Gruppe und den dazugehörigen Vertrauenspersonen **identifizieren**, desto widerstandsfähiger sind sie gegenüber äußeren Umständen, wie z. B. Personalmangel oder -wechsel. Jeder Mensch hat das tiefe Bedürfnis, dazuzugehören. Eine beständige Identifikation mit einer Gruppe ermöglicht die Interaktion in Wechselbeziehungen.
Eine Gruppe funktioniert wie ein Spiegel, in dem sich jedes einzelne Mitglied wahrnehmen kann, gleichzeitig wird das Verhalten der anderen geteilt und gespiegelt.

Kommen die neuen Kinder in der Gruppe zurecht und sind die Eingewöhnungen abgeschlossen, beginnt nun die Zeit, in der Sie aktiv das **WIR-Gefühl** fördern können.

Der Baustein H (S. 48 ff.) ist schon eine vorbereitende Maßnahme um ein **„Gemeinschaftsgefühl"** zu schaffen. Auch gemeinsame Singkreise, Ausflüge und Aktivitäten stärken ein Zugehörigkeitsgefühl.
Dazu eignen sich besonders Kreisspiele, in denen ein Kind erraten werden muss (z. B. Deckengeist) oder bei dem Dinge Kindern zugeordnet werden (z. B. Schuhsalat).

Weitere Ideen, um das Gemeinschaftsgefühl zu stärken, sind:
- ➜ morgens gemeinsam schauen, wer da ist und wer fehlt
- ➜ ein Gruppenfoto machen und in der Gruppe auf Kinderhöhe aufhängen

So ist der Abschluss in der Gruppe eigentlich kein Abschluss, sondern **ein gemeinsamer Beginn**.

Fragen

- Wie machen Kinder bei uns die Erfahrung, dass sie zur Gruppe gehören?
- Wie können wir das Gruppenzugehörigkeitsgefühl besonders nach der Eingewöhnungszeit stärken?
- Welche Maßnahmen, Angebote und Projekte haben wir bereits, die wir bewusst dazu einsetzen können?
- Wie können wir ein „Gemeinschaftsgefühl" schaffen?

BAUSTEIN X:
Auswertung im Team

Bevor Sie sich in die nächsten Projekte und kommenden Feste stürzen, nehmen Sie sich im Team Zeit, um die Eingewöhnungen zu reflektieren. Denn nach der Eingewöhnung ist vor der Eingewöhnung.
Jetzt sind Ihre Eindrücke noch frisch. Im Verlauf des Jahres gibt es viele andere Themen und Aktivitäten, sodass Sie bis zum nächsten Jahr einige Ihrer tollen Gedanken und Ideen vergessen werden. Die neuen Kinder kommen Ihnen so vor, als wären sie schon immer bei Ihnen gewesen, und Sie können es sich nicht vorstellen, wie es wohl mit noch neueren Kindern wird. Nutzen Sie die Zeit der frischen Eindrücke, um sich auf die nächste Eingewöhnung vorzubereiten. Sie legen damit bereits ein Fundament und sind im nächsten Jahr viel schneller im Thema drin. Halten Sie alles schriftlich fest, damit Ihre Ideen und Gedanken Ihnen im nächsten Jahr zur Verfügung stehen. (s. auch Baustein E, S. 40 ff.)

Stellen Sie sich vor ...

Sie misten einmal gründlich aus und putzen ordentlich durch. Kennen Sie das, wie viel Kraft und Motivation es freisetzt? Ebenso wichtig ist es, dass Sie in Ihrem Gedächtnis den Raum schaffen. Reflexion ist eine tolle Möglichkeit, etwas abzuschließen, sodass Ihre Energie wieder in neue Projekte fließen kann. Es ist, als würden Sie einmal in Ihrem Kopf einen Grundputz machen.

Bei der Reflexion können Sie verschiedene Ebenen bedenken. In jeder Eingewöhnung lernen Sie etwas über sich selbst, über die Arbeit in der Gruppe und über die Gegebenheiten der Einrichtung. Eine Reflexion wird dann besonders wertvoll, wenn Sie sich auf einzelne Punkte konzentrieren. Es muss auch nicht immer etwas sein, das es zu verbessern gibt. Sie können auch einen guten Aspekt wählen und sich darauf fokussieren, diesen beizubehalten oder auszubauen, z. B. wovon die neuen Kinder, die Kinder der Gruppe, die Eltern und Sie am meisten profitiert haben. Was konnten Sie mit kleinem Aufwand erledigen und hatte einen großen Effekt?

In der Kopiervorlage auf S. 101 finden Sie ein Raster zur Reflexion. Darin können Sie übersichtlich festhalten, worauf Sie sich im nächsten Jahr konzentrieren wollen.
In der ersten Spalte „Informationen" tragen Sie in Stichpunkten die wichtigsten Antworten auf die Reflexionsfragen der Kopiervorlage von S. 100 ein, in der zweiten Spalte bewerten Sie diese Informationen. Überlegen Sie, was die relevantesten ein bis drei Punkte aus der Reflexion sind, an denen Sie weiterarbeiten möchten.
Nun verfassen Sie einen Powersatz für Ihre neue Ausrichtung. Es ist eine Art Motto, das Sie im nächsten Jahr umsetzen wollen. Beispiel: *Wenn ich mich auf die Eingewöhnung vorbereite, fühle ich mich sicherer in meinem Handeln.* Das können Sie dann entweder für Ihr Qualitätsmanagement nutzen oder innerhalb der Überarbeitung Ihrer Konzeption.

Reflexion der Eingewöhnung

Beantworten Sie diese Fragen für sich, in der Gruppe und im Gesamtteam.
Die Antworten können Sie auf der nächsten Seite im Raster notieren.

Reflexion der Eingewöhnung für sich selbst

1. Was war meine schönste Erfahrung während der Eingewöhnung?
2. Was war besonders anstrengend/fiel mir schwer?
3. Was hatte einen großen positiven Einfluss auf die Eingewöhnung?
4. Was fiel mir leicht?
5. Woran möchte ich arbeiten/was möchte ich an mir verbessern?
6. Was wünsche ich mir vonseiten der Leitung/der Gruppe/des Trägers, damit ich meine Arbeit in Bezug auf die Eingewöhnung besser leisten kann?

Reflexion der Eingewöhnung in der Gruppe

1. Austausch über die eigenen Reflexionen, Zusammenfassung in ein bis vier Stichpunkten pro Frage.
2. Folgende Fragen gemeinsam beantworten:
   - ➜ Was hat uns geholfen, die Eingewöhnungen entspannt anzugehen?
   - ➜ Was lief sehr gut?
   - ➜ Wie war die Zusammenarbeit im Team?
   - ➜ Wie war die Zusammenarbeit mit den neuen Eltern?

Reflexion der Eingewöhnung im gesamten Team

Wie sind die Eingewöhnungen verlaufen? Was war gut? (Zusammenfassung der positiven Aspekte der Reflexion „Jeder für sich" und der Reflexion in der „Gruppe" in ein bis fünf Stichpunkten.)

- ➜ Was haben die Eltern für Rückmeldungen gegeben (s. Baustein V, S. 97)?
- ➜ Wie können wir die Rückmeldungen der Eltern in unsere zukünftige Arbeit einfließen lassen?
- ➜ Was wollen wir strukturell ändern?
- ➜ Was können wir in unserer pädagogischen Arbeit im nächsten Jahr verbessern?
- ➜ Welche Maßnahmen können wir schon jetzt ergreifen, um nächstes Jahr die Eingewöhnungen zu verbessern?

Raster der Reflexion

	Informationen (Antworten auf Reflexionsfragen)	**Bewertungen**	**Neue Ausrichtung** (in einem Satz)
Ich			
Gruppe			
Gesamtes Team			

BAUSTEIN Y:
Konzept überarbeiten, Auswertung

Ein Konzept ist lebendig. Es wird nur dann lebendig bleiben, wenn man regelmäßig daran arbeitet, es qualitativ verbessert und es immer wieder an aktuelle Umstände anpasst. Ziel ist, dass Sie einen gemeinsamen Konsens finden, der Sie in Ihrer pädagogischen Arbeit unterstützt und die Ausrichtung vorgibt. Sie können es in Ihre Kita-Konzeption integrieren oder es als ein eigenes Konzept verfassen. Deswegen lohnt es sich, nach jeder Eingewöhnungsphase eine gemeinsame Auswertung im Team zu machen.

In drei Schritten durch die Auswertung:

1. **Innehalten**: Halten Sie inne. Schauen Sie sich Ihren Ordner (s. Eingewöhnungsordner S. 18) oder Ihr bisheriges Eingewöhnungskonzept an. Das setzen Sie bereits um. Es ist Ihre Arbeit in Bezug auf Eingewöhnung, die dadurch sichtbar wird. Seien Sie stolz auf sich. Es gibt immer mehr zu tun und immer die Möglichkeit, etwas zu verändern, zu verbessern und zu optimieren. Aber vergessen Sie nicht, anzuerkennen, was Sie bereits tun.
2. **Auswerten:** Schauen Sie sich alles an, was zur Auswertung zur Verfügung steht, z. B. bisherige Pläne, Reflexionen, Anregungen durch die Eltern, eigene Notizen und Ideen. Reflektieren Sie (s. auch Fragen) diese Materialien und Ihre Situation.
3. **Gestalten:** Dann schauen Sie, ob es gemeinsame Themen gibt. Dinge, die sich in Ihren Reflexionen oder Materialien wiederholen. Werfen Sie darauf einen genaueren Blick. Fokussieren Sie sich auf ein bis drei Punkte, an denen Sie nun weiterarbeiten möchten. Nutzen Sie dazu die Kopiervorlage aus dem Kapitel „Qualitätsmanagement" (S. 15 ff.). Mit deren Hilfe können Sie nun gezielt Ihre weiteren Schritte planen.

Fragen

Schritt 1: Innehalten

- Was tun wir bereits, um die Eingewöhnung mit Erfolg durchzuführen?
- Was tun wir außerhalb des Sichtbaren, was den Eltern nicht auffällt?
  Erstellen Sie eine Liste mit allen Punkten, die Ihnen einfallen, so klein oder alltäglich sie auch sein mögen.

Schritt 2: Auswertung

- Wie sind wir bisher vorangekommen?
- Was haben wir geschafft, was nicht?
- Was hat uns behindert?
- Was hat uns in unserem Entwicklungsprozess geholfen?
- Welchen Bereichen haben wir bisher keine oder zu wenig Beachtung geschenkt?

Schritt 3: Gestalten

- Welche Themen, Aspekte und Gedanken kommen häufiger vor?
- Was beschäftigt uns?
- Was ist die eine Sache, die uns am meisten helfen und weiterbringen würde?

BESONDERE SITUATIONEN

Selbst mit einer sorgfältigen Planung der Eingewöhnung, einem motivierten Team und der Intention, jede Familie und jedes Kind individuell zu begleiten, kann es Umstände geben, bei denen Sie von Ihrem Plan abweichen müssen. Auf solche besonderen Situationen können Sie im Vorhinein einwirken. Als Erstes dürfen Sie sich zugestehen, dass nicht alles perfekt läuft und dass das so sein darf. Zum Zweiten machen Sie sich bewusst, dass Sie in einem Team sind und es mehrere Schultern gibt, auf die die Arbeit verteilt werden kann. Und drittens werden im vierten Teil des Buches diese besonderen Situationen einmal vorgedacht. Seien Sie sensibel für „Ausnahmen" und besondere Umstände.

Personalmangel

Keine Einrichtung bleibt von Personalmangel aufgrund von akuten Krankheitsausfällen oder dem Fehlen von Fachkräften verschont. Auch für Eltern ist „Personalmangel" ein gefürchtetes Wort, da sie es mit ungenügender Betreuung in Zeit und Qualität in Verbindung bringen.

Eine einfache, universelle Lösung für diese Problematik gibt es nicht.

Deshalb gilt für die Eingewöhnung, dass Sie sich **auf diesen Fall vorbereiten**. Je besser Sie vorbereitet sind, desto weniger schmerzlich wird es Sie im Ernstfall treffen. Die folgenden drei Tipps helfen Ihnen, optimal vorbereitet zu sein:

1. Keine Urlaube und Fortbildungen in der Zeit der Eingewöhnung, denn dann ist der Personalmangel oft unausweichlich.
2. Planen Sie die Zeit der Eingewöhnung und das Setting darum herum (siehe Baustein E, S. 40). Dazu gehört, dass Sie wissen, wer sich um die Kinder der Gruppe kümmert, wann welche Eingewöhnungskinder kommen und wer Bezugserzieher*in ist.
3. Vorsorgen: Eine weitere pädagogische Fachkraft kann während der Eingewöhnung ebenfalls den Kontakt zu Familie und Kind suchen und so schon bewusst „auf der Bildfläche erscheinen". Später arbeiten sowieso alle im Team und irgendwann hat jeder mal Urlaub oder ist krank. Eine Begrüßung oder ein kleiner Smalltalk zwischendurch ist meistens eine gute Möglichkeit. Auch Begegnungen auf dem Flur eignen sich dazu.
4. Eine weitere Vorbereitungsmaßnahme: Gewöhnen Sie möglichst nicht mehr als zwei Kinder gleichzeitig ein.

Was können Sie tun, wenn der **Personalmangel akut** wird?

1. Ruhe bewahren
2. Eingewöhnungen auf ruhige Zeiten und Randzeiten verschieben
3. Das Wohlbefinden der Kinder weiterhin im Mittelpunkt behalten. Beziehungsarbeit ist eine Frage der Qualität, nicht der Quantität.

Was tun, wenn der*die **Bezugserzieher*in ausfällt**?

1. Mit den Eltern ins Gespräch gehen und Sie mitentscheiden lassen, wie die Eingewöhnung fortgesetzt wird.
2. Je nach Dauer des Ausfalls kann auf den*die Bezugserzieher*in gewartet werden und die Eltern besuchen einfach weiter die Kita gemeinsam mit dem Kind, können beispielsweise den Vormittag dort verbringen, damit das Kind sich zumindest weiter mit Abläufen, Strukturen, Räumlichkeiten und Material vertraut machen kann.
3. Alternativ kann die Bezugsfachkraft gewechselt werden, wenn abzusehen ist, dass sie länger ausfällt. Je nach Stand der Eingewöhnung müssen Sie nicht komplett neu beginnen, sollten aber mindestens ein bis zwei Tage ohne Trennung einplanen.

Praxiserfahrungen zeigen, dass, wenn das Kind zusätzlich zur Eingewöhnung eine Bezugsperson hat, die einfühlend auf das Kind eingeht und es in die Gruppe integriert, es das Kind nicht zwangsläufig irritiert, wenn die Bezugsperson wechselt. Kinder übertragen oft das Verhalten der Bindungsperson auf andere Bindungspersonen. Allerdings reagieren alle Kinder unterschiedlich. Gehen Sie nicht automatisch davon aus, dass es für das Kind in Ordnung ist, sondern beobachten Sie sein Verhalten und seine Reaktionen und passen Sie Ihr Vorgehen dementsprechend an.

Auch wenn es bei Ihnen im Hintergrund ziemlich chaotisch zugeht, sollten die **Kinder und ihre Bedürfnisse** immer im Fokus stehen. Wenn Sie dabei weiterhin liebevoll mit ihnen umgehen und es Ihnen gelingt, Ihre persönliche Verfassung nicht auf die Kinder zu übertragen, dann haben Sie viel gewonnen.

Eltern müssen zeitnah wieder arbeiten

Viele Eltern wollen oder müssen zeitnah wieder arbeiten. Darum ist es sinnvoll, bereits bei der Anmeldung in Erfahrung zu bringen, wann die Eltern wieder arbeiten gehen wollen.
So wissen Sie vorab, ob die Eltern Druck haben oder geduldig die Eingewöhnung mitgehen. Bleiben Sie im **Kontakt** mit den Eltern. Vielleicht macht auch der Chef im Hintergrund Druck oder die Eltern verstehen das Prinzip der sanften Eingewöhnung nicht und meinen deshalb, dass es schnell gehen sollte.

Wenn Eltern aufgrund ihres Jobs Zeitdruck haben, sollte vorab über verschiedene Möglichkeiten nachgedacht werden und gemeinsam mit den Eltern eine Lösung gefunden werden. Beachten Sie, dass diese individuellen Lösungen evtl. mit dem Träger abgesprochen werden müssen. Bei früherer Eingewöhnung stellen sich z. B. folgende Fragen: Was ist mit Beiträgen und anderen Geldern? Wie muss der Vertrag gestaltet werden?

Mögliche Lösungen:
- ➜ Ein anderes Familienmitglied gewöhnt ein. Es sollte eine verlässliche Bindungsperson für das Kind sein. Vielleicht ist es sowieso oft bei der Oma?
- ➜ Das Kind wird bereits vor Kitabeginn eingewöhnt.
- ➜ Gibt es eine Krabbelgruppe in der Einrichtung, die das Kind besuchen kann, oder können Sie die Schnupperzeit ausdehnen?
- ➜ Das Kind kommt zur Eingewöhnung morgens und bleibt auch nach abgeschlossener Trennung noch bis zum Mittagessen.
- ➜ Die Bezugsfachkraft besucht die Familie zu Hause und lernt sie besser kennen (s. Baustein J, S. 53).
- ➜ Die Eltern bereiten die Eingewöhnung bereits vor (s. Kopiervorlage S. 106).

Sie können auch verschiedene Lösungsmöglichkeiten miteinander kombinieren.

Zur Vorbereitung der Eingewöhnung

Was Sie als Eltern tun können, um die Eingewöhnung vorzubereiten:

- ➜ Sprechen Sie bereits mit Ihrem Kind über den Kindergarten. Auch wenn Ihr Kind noch nicht alles versteht, spürt es, wie Sie darüber sprechen, und kann eine erste emotionale Verknüpfung herstellen.
- ➜ Vermeiden Sie negativ formulierte Sätze, wie z. B. „Das wird gar nicht schlimm", und sprechen Sie stattdessen positiv: „Das wird dir gefallen."
- ➜ Bringen Sie zur Eingewöhnung vertraute Gegenstände mit, wie z. B. Schnuller, Lieblingsspielzeug, Kuscheltier, ein Shirt oder eine Jacke von Ihnen, in die sich das Kind einwickeln kann.
- ➜ Singen und spielen Sie Lieder und Spiele, die Sie aus der Einrichtung kennen, auch zu Hause.
- ➜ Halten Sie sich an Absprachen, seien Sie verlässlich für das Kind.
- ➜ Lassen Sie Nähe immer zu, auch wenn das Kind rund um die Eingewöhnung mehr davon verlangt (dann erst recht).
- ➜ Seien Sie während der Eingewöhnung voll und ganz mit Ihrer Aufmerksamkeit beim Kind.
- ➜ Reden Sie mit Ihrer Bezugsperson in der Kita über Fragen und Ängste. Sprechen Sie sie gern und IMMER an, wenn Sie Bedarf haben.
- ➜ Vertrauen Sie uns. Wir wollen das Beste für Ihr Kind, genau wie Sie.
- ➜ Vergleichen Sie sich und Ihr Kind nicht mit anderen. Jeder hat andere Bedürfnisse, kommt aus einer anderen Situation und handelt aus dem heraus, was ihm gerade möglich ist.
- ➜ Versuchen Sie bereits vor der Eingewöhnung, Schlaf- und Essenszeiten an die Kitazeiten anzupassen.
- ➜ Kommen Sie entspannt in die Einrichtung. Bereiten Sie abends alles vor. Seien Sie lieber ein paar Minuten zu spät in der Einrichtung als gestresst.
- ➜ Verabreden Sie sich mit Eltern und Kindern, die Sie aus dem Kindergarten kennen, am Nachmittag.

Gruppenkonstellation, Ü3 und Offene Kita

Gruppenkonstellation

Wenn Sie die Kinder sanft eingewöhnen, jedes Kind eine* Bezugserzieher*in hat und Sie mit dem Tempo von Elternteil und Kind gehen, haben Sie bereits die besten Voraussetzungen dafür, dass die Eingewöhnung gelingt.
Dennoch sollten Sie sich bewusst sein, dass auch die Eingewöhnung einen Einfluss auf die Gruppe hat und umgekehrt die Gruppe einen Einfluss auf die Eingewöhnung.
Überlegen Sie z. B.:

- ➜ Wie viele Jungen/Mädchen haben wir?
- ➜ Wie ist die Altersverteilung?
- ➜ Wer ist das jüngste/älteste Kind?
- ➜ Wie laut bzw. leise ist die Gruppe aktuell?
- ➜ Gibt es viele Kinder mit Auffälligkeiten?
- ➜ Gibt es Kinder, die gar nicht auffallen und wieder mehr in den Blick genommen werden müssen?
- ➜ Wie engagiert sind die Eltern der Kinder?
- ➜ Gibt es bereits feste Freundschaften in der Gruppe?
- ➜ Gibt es Kinder, die viel allein in der Gruppe sind und sich damit unwohl fühlen?

Haben Sie diese Dinge im Blick. Manches wird sich mehr, anderes weniger auf die Gruppe auswirken. Sie können nicht alles im Vorfeld planen, aber sich Gedanken dazu machen.
Haben Sie die neuen Kinder bereits kennengelernt, können Sie dementsprechend die zukünftigen Gruppenkonstellationen arrangieren.
Die Gruppendynamik wird sich mit jedem neuen Kind und im Laufe des Jahres verändern.

Besonders in Gruppen, in denen die Altersspanne sehr weit ist, z. B. null bis sechs und zwei bis sechs Jahre, eignet sich das **Patenschaftskonzept** (s. Baustein H, S. 48), um die Eingewöhnung sanft zu gestalten.
Für U3-Gruppen ist dieses Konzept eher ungeeignet.
Bei diesem Alter sollte der Fokus vor allem auf dem Bezugserziehersystem liegen und auf eine **enge Erzieher-Kind-Bindung** geachtet werden.

Ü3

Auch Kinder über drei Jahren müssen eingewöhnt werden. Da die meisten Bücher zum Thema „Eingewöhnung" für den U3-Bereich konzipiert sind, wird fälschlicherweise angenommen, dass ältere Kinder nicht eingewöhnt werden müssten. Ältere Kinder lassen sich oft schneller und einfacher eingewöhnen. Das liegt vor allem daran, dass sie kognitiv weiter sind. Sie besitzen die Fähigkeit, die man „Theory of Mind" (s. a. S. 10) nennt. Diese Fähigkeit besagt, dass man in der Lage ist, sich in andere hineinzuversetzen, und dass man darüber nachdenken kann, wie der andere denkt, fühlt und handelt. Sie verstehen: Nur weil ich etwas nicht sehe, bedeutet es nicht, dass es auch weg ist. Bei Kindern unter vier Jahren ist diese Fähigkeit noch nicht vollständig entwickelt.
Des Weiteren haben ältere Kinder bereits die Erfahrung gemacht, dass es mehrere Bindungs- und Beziehungspartner*innen gibt.

Dennoch ist der Kindergarten eine neue Umgebung mit fremden Menschen. Es gibt Regeln und Verhaltensweisen, die sich von denen zu Hause unterscheiden.
Jedes Kind hat ein Recht auf eine angemessene Eingewöhnung. Darum: Gewöhnen Sie jedes neue Kind ein. Damit tun Sie sich selbst einen Gefallen, aber auch dem Kind fällt der Übergang so leichter. Überlegen Sie gemeinsam mit den Eltern, wie die Eingewöhnung an die Situation des Kindes angepasst werden kann, z. B. kann die Trennungszeit direkt länger sein als bei jüngeren Kindern und in vielen Fällen eher vollzogen und zügiger ausgedehnt werden.

Offene Kita

Arbeiten Sie nach einem Offenen Konzept, so stellt die Eingewöhnungszeit höhere Anforderungen an Sie. Der Vorteil ist jedoch, dass Sie passgenau auf Bedürfnisse von Eltern und Kind reagieren können, z. B. was Schlaf- und Essgewohnheiten sowie Interessen betrifft.

Aufgrund des Konzepts einer offenen Kita ist es hier umso wichtiger, dass es eine*n Bezugserzieher*in gibt und dass Sie die **Strukturen**, die es in Ihrer Einrichtung gibt, optimal nutzen. Weiter ist es wesentlich einfacher für alle Beteiligten, wenn das Kind zu Beginn in einem Raum eingewöhnt wird und sich dieser Raum im Laufe der Eingewöhnung oder danach erweitert. Erwägen Sie, ob es möglich ist, für den Zeitraum der Eingewöhnung in festen Räumen und Strukturen zu arbeiten und diese zum Nachmittag und nach der Eingewöhnung wieder zu öffnen.

Mit seiner Einbeziehung von Raum und anderen Kindern ist das Münchener Modell ideal für offene Kitas. Haben Sie keine Angst, das Münchener Modell anzuwenden, auch wenn es auf den ersten Blick zeitlich umfangreicher scheint. Letztlich gewöhnt sich jedes Kind selbst in seinem Tempo ein. Kinder, die diese Zeit brauchen, fordern sie auch beim Berliner Modell ein. Wenn Sie dennoch lieber nach dem Berliner Modell arbeiten, beziehen Sie Elemente des Münchener Modells mit ein.

Wenn Sie direkt eine längere Eingewöhnungszeit einplanen (z. B. wie im Münchener Modell mit einer Woche Kennenlernphase), können Sie auch Eltern und Kind selbst seine Bezugsperson auswählen lassen. Das hat den Vorteil, dass sie sich gleich sympathisch sind und einige Barrieren im persönlichen Kontakt gleich wegfallen. Eine Bindungsbeziehung kann so schneller hergestellt werden. Natürlich müssen Sie dabei auf eine gleichmäßige Verteilung achten, die sich oft jedoch von selbst ergibt.

Übergang in eine neue Gruppe

Nicht zu vergessen ist an dieser Stelle der Übergang von einer Krippen- in eine Kindergartengruppe. Haben Sie die Kinder nach Altersgruppen getrennt, steht dem Kind ein Wechsel der Gruppe bevor. Auch dieser Wechsel muss **begleitet** werden. Entweder ein Elternteil begleitet das Kind in Form einer kurzen Eingewöhnungsphase oder die vorherige Bezugsfachkraft begleitet das Kind während einer kurzen Eingewöhnungsphase.

Diese Zeit dauert meist nicht sehr lange und Sie können das Kind vorab darauf vorbereiten, indem es seine neue Gruppe zwischendurch besucht oder sich die neue Bezugsperson mit dem Kind in der Krippengruppe beschäftigt.

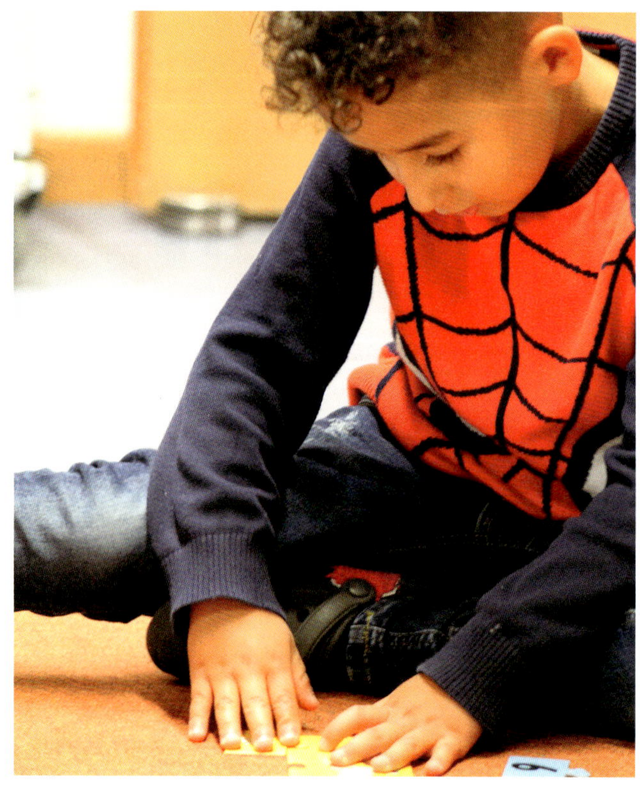

Inklusion, Sprachbarrieren und Migrationshintergrund

Inklusion

Inklusion als **gemeinsame Aufgabe** fordert ein Umfeld, in dem allen Menschen Zugang, Chancengleichheit und Selbstbestimmung ermöglicht werden.
Generell gelten für die Eingewöhnung für **Inklusionskinder** die gleichen Bedingungen wie für alle anderen Kinder auch. Allerdings ist es sinnvoll, dass an dieser Stelle ein besonderes Augenmerk auf die **spezielle Situation** des Kindes und dessen Familie gelegt wird.
In der Inklusion sind vor allem vor dem Hintergrund der recht unterschiedlichen Entwicklungsstände (sprachlich, motorisch und sozial emotional) zwei Gesichtspunkte zu berücksichtigen:

1. das Verstehen
2. die Rahmenbedingungen

Oft ist es schwierig, diese Kinder ebenso einzugewöhnen wie alle anderen Kinder, und wie bei jedem Kind müssen hier individuelle Lösungen gefunden werden. Überlegen Sie, wie Sie Mittel und Wege der Kommunikation finden und wie Sie Rahmenbedingungen verändern können, damit diese Kinder genau die gleichen Chancen auf eine gute Eingewöhnung haben wie alle anderen Kinder. Das kann von baulichen Maßnahmen bis hin zu einer Änderung der Konzeption oder des Tagesablaufs reichen.
In jedem Fall gilt: Kommunizieren Sie stets eng mit den Eltern und ggf. weiteren Beteiligten und fragen Sie nach, was für das Kind am besten ist, um die Eingewöhnung optimal zu begleiten.

Migrationshintergrund und Sprachbarrieren

Die Eingewöhnung wird zur besonderen Herausforderung, wenn Sie Eltern mit unterschiedlichen Migrationshintergründen haben. Diese Herausforderungen ergeben sich aus den sprachlichen Barrieren und den kulturellen Unterschieden.

Die deutsche Kitakultur unterscheidet sich bereits von deutschen Familienkulturen. Noch deutlicher wird dieser Unterschied jedoch im Hinblick auf Kinder mit Migrationshintergrund.

Hintergrundwissen kann in diesem Fall sehr hilfreich sein. Meist ist nicht nur die sprachliche Barriere eine Herausforderung, sondern auch die Kultur, aus der die Familie kommt. Andere Kulturen unterscheiden sich teilweise sehr stark von unseren Gepflogenheiten und Umgangsweisen. Das Wissen über kulturelle Gegebenheiten erspart viele Missverständnisse.

Ein paar Beispiele

Für uns unverständliche Verhaltensweisen sind in anderen Ländern normal. Diese Menschen wiederum können unser Verhalten nicht nachvollziehen. In Japan ist es beispielsweise viel wichtiger, wie ein Geschenk eingepackt ist, als was darin ist. In China ist es eine Unsitte, ein Geschenk persönlich zu übergeben. Man lässt es einfach in einer Ecke der Wohnung stehen, wenn man diese verlässt. Während es bei uns höflich ist, den Teller leer zu essen, signalisiert man damit in Texas, dass man noch mehr möchte. Es gibt Kulturen, in denen ist es unhöflich, auf die Frage „Haben Sie das verstanden?" mit „Nein" zu reagieren.

Inklusion, Sprachbarrieren und Migrationshintergrund

Es gibt Kulturen, da ist es beleidigend, wenn man sich in die Erziehungsmethoden der Erzieher*innen einmischt. Es ist üblich, dass man der Verantwortungsperson vor Ort (also den Pädagog*innen) volles Vertrauen entgegenbringt. Die eigene Meinung zu sagen, wäre unhöflich. Das kommt einem Vertrauensmissbrauch gleich. Für Familien aus solchen Kulturen ist Erziehungspartnerschaft „beschämend". Selbst wenn Sie sich als Pädagog*innen wünschen, dass diese Eltern mit Ihnen eine Erziehungspartnerschaft leben, tun Sie ihnen keinen Gefallen, weil Sie damit deren Werte verletzen. Diese Familien können aus kulturellen Gründen mit unserem Konzept der Eingewöhnung nichts anfangen.

Stoßen Sie auf eine Familie, deren kultureller Hintergrund sehr von unserem abweicht, und gibt es zusätzlich Verständigungsschwierigkeiten, werden viele Anregungen aus diesem Buch nicht umsetzbar sein.
Diese Kinder brauchen **mehr Anknüpfungspunkte**, als ein Kind während der Eingewöhnung sowieso schon benötigt. Evtl. sind seine Kommunikationsmöglichkeiten stark eingeschränkt und vielleicht ist es mit Ihrer lieb gemeinten Hinwendung überfordert.

Beobachten Sie genau, was dem Kind guttut. Finden Sie Wege, um ihm ein „Heimatgefühl" zu geben, vielleicht ein Spielzeug von zu Hause oder ein Hörbuch in seiner Sprache. Werden Sie kreativ.
Auch mit seinen Eltern müssen Sie evtl. andere Kommunikationswege finden. Oft ist hier gerade zu Beginn weniger mehr.
Im Notfall müssen Sie in solch einer Situation (und nur dann) auf eine Eingewöhnung verzichten. Einfache und klare Regeln, wie z. B. regelmäßige Bring- und Abholzeiten können schon wichtige Anker für diese Familien sein.

Wenn es auf Deutsch und mit Händen und Füßen in der Kommunikation nicht funktioniert,
versuchen Sie sich mit den Eltern über Bilder und Dolmetscher*innen zu verständigen.
Für viele Eltern ist es bereits eine große Hilfe, wenn Sie einige Dinge verbildlichen und/oder übersetzen z. B.:

- ➔ Türschilder
- ➔ Informationen
- ➔ Aushänge
- ➔ Tagesablauf
- ➔ Eingewöhnungsmodelle
- ➔ ...

© maroke - Shutterstock.com

Neue Kita, Umbau oder Umzug

Jede Veränderung, die in der Kita passiert, muss in die Planung der Eingewöhnung einbezogen werden, denn sie hat Auswirkungen auf deren Verlauf.
Besonders wenn Sie vor, während oder nach der Eingewöhnung große Veränderungen erwarten, wie einen Umbau, Umzug oder gar eine Kita-Neueröffnung.

Bei einer Kita-Neueröffnung müssen Sie Ihre Kita nach und nach mit den neuen Kindern füllen und die Eingewöhnung aller Kinder über mehrere Monate verteilen. Der Träger sollte bereit sein, auf Beiträge zu verzichten.

Bedenken Sie, dass ein Umzug oder ein Umbau mit **räumlichen Veränderungen** zu tun hat und dieser Umstand Verunsicherung für die Kinder bringen kann. Beziehen Sie diesen Aspekt in die Eingewöhnung mit ein. Sie kann sich dadurch verlängern oder die erneute Anwesenheit des Elternteils in der Gruppe erfordern. Auch für Sie selbst kann diese Gegebenheit Stress bedeuten. Die Kinder und ihre Eltern haben Priorität. Schön gestaltete Räume sind in der Prioritätenliste weiter unten. Außerdem sind Räume und Materialien geduldig. Vielleicht müssen Sie Abstriche machen oder die Gestaltung weiter hinauszögern.

Literaturverzeichnis

Ahnert, Lieselotte; Gappa, Maike (2008):
Entwicklungsbegleitung in gemeinsamer Erziehungsverantwortung.
In: Maywald, Jörg; Schön, Bernhard (Hrsg.):
Krippen. Wie frühe Betreuung gelingt.
Weinheim/Basel: Beltz. S. 74–95.

Bertelsmann Stiftung (Hrsg.) (2012):
Die gute gesunde Kita gestalten. Referenzrahmen. Referenzrahmen zur Qualitätsentwicklung in der guten gesunden Kita – Für Kita-Träger, Leitungen und pädagogische Mitarbeiter.
In: www.bertelsmann-stiftung.de/fileadmin/files/BSt/Publikationen/GrauePublikationen/GP_Die_gute_gesunde_Kita_gestalten_Referenzrahmen.pdf (Zugriff am 11.12.2019)

Brodowski, Gerhard (2020):
Aufzucht junger Seeadler.
In: www.brodowski-fotografie.de/beobachtungen/seeadler-aufzucht.html (Zugriff am 09.03.2020).

Dreyer, Rahel (2017):
Eingewöhnung und Beziehungsaufbau in Krippe und Kita. Modelle und Rahmenbedingungen für einen gelungenen Start.
Freiburg im Breisgau: Herder.

Grossmann, Karin; Grossmann Klaus E. (2012):
Bindungen – das Gefüge psychischer Sicherheit.
Stuttgart: Klett-Cotta. 7. Aufl.

Gutknecht, Dorothee; Kamer, Maren (2018):
Mikrotransitionen in der Kinderkrippe. Übergänge im Tagesablauf achtsam gestalten.
Freiburg im Breisgau: Herder.

Hebenstreit-Müller, Sabine (2007):
Early Excellence: eine Strategie zur Verknüpfung von Praxis, Forschung und Ausbildung.
In: Hebenstreit-Müller, Sabine; Lepenies, Annette (Hrsg.):
Early Excellence: Der positive Blick auf Kinder, Eltern und Erzieherinnen. Internationale Studien zu einem Erfolgsmodell.
Berlin: dohrmann.

Laewen, Hans-Joachim et al. (2011):
Die ersten Tage. Ein Modell zur Eingewöhnung in Krippe und Tagespflege.
Berlin: Cornelsen. 8. überarbeitete Aufl.

Van Dieken, Christel; van Dieken, Julian (2012):
Ganz nah dabei – Eingewöhnung von 0- bis 3-Jährigen in die Kita. Arbeitsmaterial für Teamfortbildung und Elternabend.
Berlin: Cornelsen.

Winner, Anna; Erndt-Doll, Elisabeth (2009):
Anfang gut? Alles besser! Ein Modell für die Eingewöhnung in Kinderkrippen und anderen Tageseinrichtungen für Kinder.
Weimar/Berlin: verlag das netz.

Winner, Anna (2015):
Das Münchener Eingewöhnungsmodell – Theorie und Praxis der Gestaltung des Übergangs von der Familie in die Kindertagesstätte.
In: www.kita-fachtexte.de/fileadmin/Redaktion/Publikationen/KiTaFT_winner_2015.pdf (Zugriff am 11.12.2019).